EGOÍSMO SAUDÁVEL

José Renato de Miranda

EGOÍSMO SAUDÁVEL

Pratique este egoísmo como atitude para viver melhor, para ter desejos e interesses sob seu controle.

Como fazer a gestão da correria e frear ansiedade?

3ª EDIÇÃO

Rio de Janeiro . RJ

Verão 2024

Letras e Versos

Log&Print
Gráfica e Logística

EGOÍSMO SAUDÁVEL

**Pratique este egoísmo como atitude para viver melhor,
para ter desejos e interesses sob seu controle.
Como fazer a gestão da correria e frear ansiedade?**

1ª edição . Novembro de 2018 | 3ª edição atualizada . Março de 2024

Contatos
Consultoria de Impacto Gestão & Equipes
Consultoria . Palestras . Cursos
www.consultoriadeimpacto.com.br

Capa e diagramação
Andrea Vichi

Produção editorial
Consultoria de Impacto Gestão & Equipes

Revisão
Barcímio Amaral

Imagens . Arte final
Strenna Comunicação Corporativa Ltda

**DADOS INTERNACIONAIS DE CATALOGAÇÃO NA PUBLICAÇÃO (CIP)
(Câmara Brasileira do Livro, SP, Brasil)**

Miranda, José Renato de

Egoísmo saudável : pratique este egoísmo como atitude para viver melhor, para ter desejos e interesses sob seu controle / José Renato de Miranda. -- 3. ed. -- Rio de Janeiro, RJ : Ed. do Autor, 2024.

ISBN 978-65-0060768-0

1. Comportamento humano 2. Egoísmo 3. Inteligência artificial - Aspectos sociais 4. Mudança de atitude 5. Psicologia I. Título.

24-196364 CDD - 154.22

Índices para catálogo sistemático:

1. Ego e condição humana : Psicologia 154.22

Eliane de Freitas Leite - Bibliotecária - CRB 8/8415

EDITORA LETRAS E VERSOS LTDA

No que me move *em cada página deste livro,*
está o calor do afeto da minha Mãe, Anita,
Filha, Yasmin,
Irmãs, Isabel e Cirene.

“Que tal unir fantásticas soluções da tecnologia com suas verdades e vida afetiva?”

Inteligência artificial e pressão para Des - Humanização

Atitudes para superar e ampliar a sua inteligência natural

Paralelamente à histórica e trágica pandemia, a tecnologia digital teve inesperada aceleração. O transtorno pandêmico nos quatro cantos do Planeta Terra não permitiu que houvesse um claro acompanhamento do que acontecia no campo da tecnologia. Então, passaram a existir dois ambientes na relação ser humano-soluções digitais:

1. Na **sociedade**, abertamente, inovações dispararam em ferramentas para se resolver as necessidades urgentes que vinham à tona diante dos fatos dramáticos e imprevisíveis gerados pelo surto da Covid-19. Os novos resultados dirigidos para saúde, comunicação (relacionamentos) e alimentação facilitavam maior conhecimento público em tecnologias, uma vez que o foco era remediar, prevenir, trocar informações e manter cozinha abastecida sem deslocamentos físicos. As inovações tinham relação imediata, prática, direta para aliviar o dia a dia entre as pessoas.

2. Nos **bastidores**, também disparavam novidades em geral na tecnologia digital. O detalhe é que não eram restritas ao momento pandemia, buscavam aprimoramento de máquinas, equipamentos e acessórios em cima de tantos outros que já existiam ou, simplesmente... eram inovações pioneiras. Não tinham urgência, seguiam os cronogramas técnicos, dentro dos padrões científicos, acadêmicos para atendimento ao mercado e consumidores.

Porém, tanto na sociedade aberta como nos bastidores, avançava a Inteligência Artificial, velozmente, entre descobertas para essa ou aquela necessidade. A IA ganhava alta evidência em estudos, testes e conclusões.

Pois bem, o detalhe é que, em ambos os ambientes de inovações, cada degrau somava para a distância física entre as pessoas e, consequentemente, para a **maior individualização** e o **menor coletivismo**, mais frequência no mundo exterior e menos mundo interior, somava para a consolidação da entrada em mais um ciclo da humanidade. Em essência, durante o tortuoso percurso da pandemia, a **aceleração tecnológica** consagrava o que considero aqui a sua **completa** definição para nossa entrada na **Idade Digital.**

Na história da humanidade, inevitavelmente, há abertura e fechamento de ciclos conforme avanços estruturais na sociedade. Cada ciclo traz sempre determinada característica. A Idade Digital chega com a marca da generalizada e eficiente **invasão dos espaços humanos** pela máquina; ocupações de espaços ilimitados nas nossas dimensões de vida - pessoa, família, saúde, educação, religião, profissão, empresa, meio ambiente e sociedade. Peço atenção do(a) leitor(a) para a provável cena tão famosa em filmes e livros de ficção: criatura ultrapassar o criador.

Este é o ponto central para a atualização e 3ª edição do livro *Egoísmo Saudável*. As considerações, as abordagens na abertura da nova edição se tornaram obrigatórias a partir de novembro de 2022, quando dispositivos e softwares de Inteligência Artificial tiveram concepção finalizada para soluções diversas em uso público, livre, aberto, acessível, fácil. Alavancou-se de vez o processo que chamo de **D**ES - **H**UMANIZAÇÃO, destaque do curso *Que mundo é este? Atitudes já! Para gestão da correria e freio na ansiedade*, lançado no Instituto de Sustentabilidade Comportamental, na Itália, em 2023.

Fatos relevantes

Em fevereiro de 2019, a Organização Mundial de Saúde (OMS) formalizou para todos os continentes a existência do que viria a ser a inédita e catastrófica pandemia *Corona Virus Disease* (Doença do Corona Vírus, em abreviação Covid19, em que o número se refere ao ano de aparecimento). Levou 14,9 milhões de habitantes do planeta, numa contaminação acima de 695.781.740 e quantidade de difícil estatística, não menos estarrecedora, de pessoas com sequelas.

Nos anos da pandemia, as pessoas estavam proibidas de circular, sair de casa era arriscado, escolas e faculdades fechadas, assistiam-se cenas bizarras como uso de máscaras especiais, cumprimentos por sinais, garrafinhas de álcool em gel 70% carregadas como Santo Graal, cidades fantasmas, lavagem das roupas a cada inevitável ida à rua... Ficar distante ou isolado era a determinação número um para que não houvesse a multiplicação. O agravante é que o sinistro vírus trazia uma emboscada: a pessoa ficava contaminada, mas os sinais ou sintomas só apareciam cinco, seis dias depois. Obviamente, de uma forma ou de outra, mesmo com as prevenções, ela era transmissora desinformada, inocente.

Na medicina, cientistas tentavam encontrar respostas 24 horas por dia, políticos discutiam de quem era a culpa, economistas e gestores de empresas à deriva sobre soluções para radicais mudanças que ocorriam nos locais, ambientes, sistemas de trabalho, ensino e remunerações. A OMS publicava boletins que não se sustentavam diante dos choques e rebuliços causados pela dramática pandemia que girava com o Planeta Terra, exigia improvisações em hospitais, clínicas e cemitérios.

Profissionais de diversas áreas da tecnologia digital foram desafiados para idealização de meios sociais e funcionais que pudessem manter os povos com as condições vitais de existência no dia a dia em alimentação, trabalho, comunicação, entretenimento e relacionamentos.

Se os cientistas e especialistas da medicina foram eficientes nas ferramentas de saúde para diminuição até encerramento da complexa contaminação pandêmica (janeiro 2020-maio 2023), igualmente os cientistas e especialistas da tecnologia digital se superaram nas metas que consagrassem êxitos nas diversas áreas e subáreas da sociedade. Inovações transbordaram naqueles dois ambientes.

Foi dado início aos disparos de implantações de **aplicativos (apps)** para celulares, computadores e dispositivos em geral, qualquer dificuldade começava a ter solução via os apps, comércio eletrônico e sistemas de entregas *(delivery)* multiplicavam de tamanho sem que a pessoa saísse de casa ou onde estivesse; para qualquer necessidade surgia um app para resolvê-la, virou hábito a frase: "É só baixar o aplicativo".

O trabalho à distância "ficou perto" pela sofisticação das plataformas profissionais e empresariais; redes sociais passaram a fazer o fluxo da comunicação em todos os níveis sem restrições de conteúdos (imagens, vídeos, textos, áudios etc). Meios, canais em abertura total para relacionamentos e informações lá e cá da sua localização ao mundo afora... já! Agora! Voos sem escalas dentro de smartphones para os seus desejos e interesses.

Ironicamente, em uma surpreendente velocidade, enquanto transcorria a pandemia que eliminava pessoas, a aceleração tecnológica generalizada prosseguia em um circuito que iria eliminar espaços de atividades físicas e mentais dos sobreviventes e não contaminados😲.

As pessoas começavam a viver de app em app quaisquer que fossem as exigências, circunstâncias, faixas etárias, locais, poder aquisitivo e, ainda, em qualquer nível de instrução e conhecimento educacional, cultural e tecnológico. Era a chegada de um novo presente de soluções mágicas e de futuro de indecifráveis expectativas, decisivamente... era a chegada da Idade Digital.

Cabe lembrar que, em novembro de 2022, a Inteligência Artificial marcou territórios em definitivo através do dispositivo ChatGPT versão IA Generativa – alcançava 100 milhões de usuários dois meses depois do lançamento. Em um ano, dezembro de 2023, generativamente, a IA se multiplicava nos espaços do pensamento, das ideias, do comportamento, das funções pessoais e profissionais dos seres humanos – a Inteligência Artificial passava a dominar fluxos, processos da inteligência natural.

IA movimenta cerca de US$ 208 bilhões e a estimativa é que chegue a US$ 2 trilhões em 2030, segundo a *Next Move Strategy*.

A transformação imposta pela tecnologia entra em novo ciclo histórico, tivemos Idade da Pedra, Idade Antiga, Idade Média, Idade Moderna... e daqui para frente estamos na IDADE DIGITAL!

A implantação IA transcorre em três etapas, simultâneas no meu entendimento pela criatividade, direção e expansão das inovações. Impossível estabelecer critérios, prazos entre uma e outra etapa. Informa a Jornalista, Camila Costa, da BBC News Brasil:

1ª. Inteligência Artificial Limitada ou Estreita (Artificial Narrow Intelligence - ANI)

Já está entre nós há décadas embutida ou embarcada na maioria dos apps. É programada para armazenar grande volume de dados, pode se igualar ou superar a inteligência humana em apenas uma tarefa, pontualmente.

2ª. *Inteligência artificial geral ou generativa (Artificial General Intelligence - AGI)*

Tem capacidade humana, executa qualquer tarefa, aprende e reage como gente. Pode tornar seres humanos obsoletos, ultrapassados. Tal possibilidade de ascendência, de superioridade levou mais de 1.000 conceituados especialistas em tecnologia para a produção de documento com pedido de interrupção por seis meses de inovações em IA para adaptação da sociedade, inclusive, regulações e regulamentações por parte dos governos. Destacam a "perigosa corrida no desenvolvimento de IA e condições para futura perda do controle pelos próprios criadores". Documento teve divulgação mundial.

3ª . *Superinteligência (Artificial SuperIntelligence - ASI)*

IA acima da inteligência humana, mesmo que sejam professores ou intelectuais de elevado QI. Como cito nas páginas que você vai ler neste livro: "Criatura ultrapassa o criador".

Aqui, eu acho que deve ser considerada a IA **externa** personificada em robôs e a **interna**, em que chips inseridos nas pessoas, vão torná-las robóticas. Está aí o Biohacking - intervenção no corpo através de conjunto de tecnologias para melhorar ou aumentar a capacidade humana; em muitos casos, o conceito envolve implantes de microchips que armazenam dados e simplificam acompanhamento de tarefas cotidianas. A prática também envolve o uso de dispositivos que não exigem implantes, como óculos inteligentes para pessoas com deficiência (Fonte: Biohaking . g1.globo. com . Jornalista Murillo Otávio).

Neurotecnologia avança em notáveis, benéficos cuidados para saúde e, por outro lado, é caminho sem volta para discutíveis penetrações em íntimos cantinhos comportamentais, emocionais e existenciais.

Bem, fica então a pergunta: alguém tem dúvida sobre a chegada de chips que irão assumir as funções da inteligência e as nossas estimulações naturais como pessoas?

Assim, hoje, vivemos fatos e resultados via IA que só seriam atingidos pelos esforços normais humanos num tempo bastante superior, e ainda, em qualidade e solidez possíveis ou não, conforme o prazo. Na verdade, fatos demonstram que o uso de Inteligência Artificial (IA) generativa tira a chance de concorrência através da Inteligência Natural (IN). Exemplos se espalham em diversas áreas:

- Na *International Consumer Electronics Show – 2024*, a maior Feira mundial de tecnologia de consumo, em Las Vegas, algumas atrações: a fazenda inflável sustentável com IA para ser instalada em qualquer lugar, pessoa produz o próprio alimento, que cresce 1,5 vezes mais rápido e com despesa mínima, Uber autônomo com todo conforto e sem motorista, TV dobrável 137 polegadas, hiper-robô Ballie para casas conectadas, coleira Smart para monitorar saúde do cão ou gato, app Capelle que dorme ao lado do bebê e examina o seu choro, Xixi Smart, o vaso sanitário que abre e fecha a tampa quando detecta movimento, possui luz e modo de autolimpeza, ChatGPT instalado no comando de voz de carros, TV "transparente"... entre no link https://www.techtudo.com.br/eventos/ces/ e acredite... se quiser.

Algumas outras curiosidades:

- Artigos apenas assinados por alguém, integralmente escritos pela IA.
- Decretos-Leis na área política aprovados sem elaboração humana.
- Numa marcenaria, peça de madeira na máquina, acionado o equipamento com projeto aprovado pelo cliente e é só aguardar o fim da fabricação.
- IA para "ressuscitar" celebridades no uso em filmes publicitários e eventos.
- Na medicina, central de monitoramento com IA recebe em tempo real todos os indicadores de pacientes internados, em atendimento e a serem avaliados.
- No comércio eletrônico, empresas cresceram 30% em um só trimestre, resolvem qualquer dificuldade via IA. Nas lojas físicas, naquele período de 2023, principais grupos de varejo do Brasil fecharam expressivo volume de lojas e galpões.
- Sistemas de segurança IA colhem imagens individuais em multidões, analisam, fazem identificações e distribuem para todas unidades e viaturas.
- Disseminação de informações falsas (vídeos, imagens, áudios...) no padrão do que seriam as verdadeiras. Dois dias antes da eleição para presidente da Eslová-

quia, candidato considerado eleito foi derrotado por áudio fake disparado nas redes sociais em que "ele" subornava jornalista.

- Na educação, professores concorrem com profissionais ou amadores de todos perfis e vastas bibliotecas digitais nas mãos dos alunos.
- Robô humanoide Sophia é capaz de manter conversação pessoal com expressões faciais. Sora, ChaptGPT IA, produz vídeos como se fossem 100% reais.

Pedro Dória, humano e craque comentarista do Programa Vida Digital, Rádio CBN, enfatiza: "Cada vez mais difícil identificar o que é real e digital, saber onde está a divisão entre um e outro, falso e verdadeiro. Vamos ter que criar cultura de pesquisa em fontes fidedignas para conferência". Ah! Este autor "não é um robô"😁, continua, originalmente, humano com ideias e méritos próprios.

Há pouco tempo, você imaginaria tais cenas? Estar no centro desta atmosfera?

Então, em uma lista que pode ser interminável com exemplos de ocupação de espaços, surge a pergunta: exceto, é óbvio, cientistas e especialistas das corporações de TI e startups, em que momento o ser humano está presente, em atividade em cada execução com a sua única, divina capacidade de inteligência, experiência, conhecimento? Ou ainda, em linguagem para lá de simples naquela lista:

Cadê os meios para o brilho das suas **próprias** ideias?

Cadê a relevância dos anos de experiência?

Cadê a consistência pela bagagem dos estudos e dos seus diplomas?

Idade Digital pode ou não ser apelidada de Idade do Tudo Pronto!?

Leia o desabafo deste autor na página 190 - *O que é ter QI hoje?* Escrevi em algum lugar do passado sobre a questão delicada enfrentada pela nossa essencial diferença na natureza: a inteligência.

Mas vamos lá, refletir, tirar conclusões.

Cadê o **mérito humano** por ser ativo responsável, autêntico protagonista no que busca, desenvolve e faz?

Naqueles exemplos dos comuns do cotidiano aos complexos, na prática as pessoas são transportadoras e/ou acionadoras de aparelhos de fácil manejo, polivalentes e automáticos para quaisquer necessidades ou desejos; são gestoras de dados, de planilhas, de informações na simples utilização de possantes equipamentos do tipo Pediu? Ganhou!!!

A plataforma líder para fazer as pirotécnicas conexões para rede digital fluir é o smartphone, tão poderoso que traz proezas fascinantes como se fosse o martelo Mjolnir, do Deus Thor: "Eu tenho  a fooooooorça!!!"

Forma quarteto imbatível com os aliados IA generativa (interconexões), Whatsapp (comunicação e operações) e streaming (leveza e rapidez nas transmissões).

Você se sente guerreiro bem armado, taxa de vaidade no teto, mas atenção! O mérito central é da tecnologia... a ilusão é sua.

A Era Digital superaqueceu as soluções ligadas às exigências e aflições dos seres humanos. Hoje, não há fronteira, aliás, há alguns anos sem limites para quaisquer embaraços ou bloqueios para se chegar a um objetivo e em quaisquer regiões ou dimensões de vida, como foi citado em página anterior.

Surgiu dificuldade? Obstáculo? Alguma pendência? Será criado salvador, portátil e prático aplicativo que, por sua vez, vai continuar a ser aperfeiçoado e aumentará a inutilidade humana para superar os obstáculos com inteligência-experiência-conhecimento. Nós apenas iremos participar da alimentação da nossa criatura que, depois, coloca-nos de novo na função de comuns condutores – ou até *modo avião*, quem sabe?

Aperfeiçoamentos daqui e dali para plena expansão da Inteligência Artificial culminaram na criação do dispositivo ChatGPT (*Chat Generative Pre-Trained Transformer*). É claro, principalmente pelo fato de a proprietária OpenAI ter recebido investimento entre US$ 10 bilhões e 13 bilhões da Microsoft, os concorrentes já estão com os seus inovadores modelos nas mãos de milhões de usuários – no início de 2024 foi aberto menu de IA com mais de 300 modelos. Todos na meta intensa de sistêmica integração entre usuário e aplicativo com a base *chatbot* – conversar com a pessoa ou várias em linguagem dirigida, adaptada, personalizada na medida da evolução das perguntas e, ainda, imediatas informações com os conteúdos que podem ser pedidos nos seus respectivos formatos.

O que vem por aí em IA generativa?

Na educação, programas de ensino e controle de estudantes em tamanha sofisticação que já se questiona em que momento haverá o uso do dom da inteligência em aprendizagem própria (Leia capítulo *Era do Conhecimento x Era do Emburrecimento*). Na agricultura, previsão segura de rendimentos a partir dos dados dos padrões climáticos, condições do solo e combate de pragas por drones 24 horas. Na cultura, nas artes e entretenimentos disparada de conflitos sobre direitos autorais e veracidade. Nas indústrias, produções da pesquisa, design, desenvolvimento, finalização, logística e chegada ao consumidor entrarão numa rede de algoritmos inteligentes. No varejo, sites de marcas famosas permitirão ao cliente experimentar as peças no seu corpo a distância, robô pet, máquina para coquetéis, fechadura autônoma, carrinho de compras de supermercados com vídeos promocionais, localizações de produtos e acessório para pagamentos. Em hospitais, IA levará 30 segundos para interpretar exames. Nas áreas financeira e contábil em geral demandas já ocorrem em tempo recorde. Na justiça, IA vai conduzir despachos e decisões nos tribunais, bancas de advogados adotam robôs e Microsoft OpenAI Service. Numa rede bancária, IA lê 70 mil documentos judiciais e faz transição de texto e 7,8 milhões de ligações telefônicas em um mês. Startup Mistral para administração pública.

Em clones digitais, influenciadores IA entram nos espaços humanos em preocupante, delicadíssimo envolvimento familiar, individual-afetivo e comercial: Aitana ultrapassa 200 mil seguidores no primeiro mês e cobra US$ 1 mil por cada uma postagem de produtos, Brenda First atinge 10 mil em duas semanas, a humana McKenzi Brooke lançou a *irmã gêmea digital* para interagir 24 horas. Em dezembro de 2022, eram quatro vezes mais influenciadores (9 milhões) do que professores no Brasil; nessa velocidade grandes marcas dobram receitas em curto tempo via influenciadores.

Drones com IA? Frotas nas guerras na faixa de Gaza e Ucrânia já demonstram que nem o céu é limite, mais uma versão da tecnologia nas nuvens.

Nestas duas páginas, a lista ser longa é proposital e é só o começo para se imaginar o gigantismo da IA generativa em tão curto tempo, dá crias por dia, um século acontece em menos de 20 anos.

No instante em que ia finalizar aquela lista, surgiu na minha frente a notícia de que Dell, HP, Lenovo e Intel davam a partida na fabricação de computadores pessoais (PCs), mesa e notebooks com IA instalada:

- A chegada dos PCs com IA generativa é o início do superciclo de atualizações e soluções - enfatiza Patrick Moorhead, analista da Moor Insights and Strategy. Ele cita os fantásticos recursos que estão disponíveis naquelas máquinas, entre eles o intimista Capilot, o "seu companheiro diário no trabalho e na vida", segundo o analista.

Ao mesmo tempo em que ele divulgava esta notícia em entrevista para revista especializada, a Samsung anunciava o primeiro modelo de celulares com IA instalada – ou "embarcada" conforme termo digital; Apple lançava o Vision Pro, a sua "aposta em realidade virtual e realidade aumentada".

O Metaverso não avançou como se esperava, mas terá a projeção em breve para alcance generalizado, a exemplo da IA.

A velocidade é tão turbinada, alucinante, que já há estudos para invenção além do celular, é possível imaginar?

Sim! É possível! Está aí a invenção AI-PIN, um pin com IA para funcionar grudado na lapela ou bolso, a empresa Humane pretende que ele seja a substituição do celular. Bill Gates, bilionário fundador da Microsoft, em artigo para revista Forbes, prevê sobre o impacto da IA em dispositivos:

- Nos próximos cinco anos, você não precisará usar aplicativos diferentes para tarefas variadas. Simplesmente, dirá ao seu dispositivo o que deseja fazer.

Assim caminha a humanidade em trilhas dentro da rede e teias de algoritmos. No ninho, no comando estarão sempre investidores empresariais para obtenção de lucros através do patrocínio para atração de infinidade de clientes.

Nessa ebulição espaço humano-espaço tecnológico, ficamos com três debates objetivos diante dos mágicos-rápidos-espetaculares-competentes-insubstituíveis êxitos acelerados e consolidados pela IA generativa na Idade Digital:

1. EMPREGO E RENDA

Uma máquina pode reduzir em dezenas de vezes o custo de um funcionário. E agora?

Em quais daqueles exemplos você, leitor(a) humano(a), vê a possibilidade de ser superior em velocidade, volume e resultado dentro do que foi solicitado ou necessário por alguma motivação própria ou externa? Ser mais competente, mais resolvedor em qual atividade, expectativa ou produção?

De fato, concorrer como?

O que se torna complicador em empregabilidade na Idade Digital é a inversão: soluções humanas são geradas de forma individual via tecnologia para resultados próprios e coletivos, e não soluções coletivas para atendimentos individuais. Os já popularizados *home-office* e *anywhere work* (trabalho em qualquer lugar) por apenas uma pessoa vão dobrar, triplicar de tamanho, mesmo em áreas de funcionamentos rigorosos, excessivamente formais, técnicos, acadêmicos ou institucionais.

Automações reduzem em dezenas de vezes o custo de funcionário humano, afinal tecnologia não tira férias, não ganha salários, não gera tributos mensais, não faz pressões sindicais em dissídios, não produz menos por problemas de família, saúde, trânsito etc. Detalhe: em softwares com IA máquinas conversam entre elas para decisões.

Em cada momento que alguém baixa um aplicativo, trabalha para a empresa de graça, é o que pode ser chamado de **trabalho sombra**: a pessoa cumpre tarefas no app que deveriam ser feitas por determinado número de funcionários. O termo *trabalho-sombra* foi inventado pelo filósofo, Ivan Illich, em 1981, para caracterizar trabalho não pago apoiado nos avanços tecnológicos.

Quantos desempregos ou subempregos
por trás dos aplicativos?

Ao baixar o app, basta imaginar quantos profissionais das funções simples às de alta qualificação seriam ocupados para atender solicitações e demandas que você, sozinho, executa de imediato.

Avanço da IA vai afetar, diretamente, num primeiro impacto, 40% da mão de obra global e 41% do Brasil, segundo o Fundo Monetário Internacional – FMI.

Não é apenas para elevar o seu conforto, a sua praticidade que as empresas se esforçam, dão prêmios para você baixar o app, é algo sincronizado: a cada momento que você baixa o app, a empresa "baixa" as despesas e "sobe" a receita.

Com certeza, vem aí a criação de meios para se distribuir dinheiro. Políticas públicas terão que ser lançadas para haver poder aquisitivo, para que a população possa comprar tamanho volume de inovações em produtos e serviços que entram no mercado e são oferecidos em sedutores anúncios.

Neste quadro, como fica o Brasil? (Leia *E eu neste contexto? Nossa miséria é nossa salvação*, na página 138).

Por outro lado, pense, avalie a dimensão desse problema, pois é a existência do emprego para a pessoa, a sua remuneração e a circulação no dia a dia que fazem a economia girar. A cadeia do consumo tem relação direta e indireta com deslocamentos das multidões, é quando o gasto de cada uma realimenta o fluxo econômico. Veja só, ao sair de casa para o trabalho, o funcionário vai gastar roupa, calçado, gasolina, óleo, pneu (adquirir passagens se não tiver carro), almoçar, encontrar pessoas para cafezinho, passar em frente à loja ou ao shopping, andar em meio às prateleiras de supermercado e se interessar por produtos além da sua lista de compras. Consequentemente, por causa da circulação na ida e volta, em menor tempo vai gastar sabão em pó, água, novos abastecimentos, também em menor tempo pneu, manutenção do carro e terá tantos outros motivos para consumo.

Em cada uso e em todas as compras, houve diminuição de estoques que levarão empresas aos pagamentos dos seus funcionários e fornecedores e novas compras das indústrias, que, por sua vez, manterão milhares de empregos para produções que voltarão para o consumo no mercado.

Logo, sem circular, qual o giro que a pessoa faz na economia como desempregada, subempregada ou cliente de comércio eletrônico-marketplaces? Até porque, tecnologia produz, mas não consome, não sai para as compras. Numa greve bancária, funcionários param, robôs, caixas eletrônicos e apps trabalham, mas eles consomem para economia girar? Eles são clientes de quem?

Existem estatísticas com indicativos de que a tecnologia digital abre tantos espaços profissionais na mesma proporção em que fecha, mas os números não são constatáveis na prática, eles funcionam com a imagem de desenhos, não com a reprodução de espelhos.

O que poderia suavizar esse quadro, levemente, é um dos mais rígidos quebra-molas: falta preparo, conteúdo educacional qualitativo, bem estruturado para formação e treinamento em curto tempo nas variadas especializações digitais existentes e outras que possam ser idealizadas. A exceção fica para países pequenos, desenvolvidos no poder econômico, na qualidade social e educacional.

Agora, vamos lá, ainda assim, repito, ainda assim no que poderia ser exceção, principais grupos de tecnologia, obviamente os líderes empregadores nos tais novos espaços profissionais citados nas estatísticas, entre 2022 e início de 2024 efetivaram milhares e milhares de demissões – atualize nos sites de busca qual a quantidade no momento da leitura do livro ou, então, apenas concorde com Carol Tomé, Presidente da United Parcel Service-UPS, grupo com 116 anos de fundação:

- IA provoca mais demissões do que empresas admitem.

Ou com a famosa publicação Fortune: Três em cada quatro diretores de recursos humanos em 500 empresas pesquisadas, garantem que será **permanente** a substituição de pessoas por IA.

Nesse ritmo da Idade Digital de queda de remunerações, menor circulação de consumidores e de falta de contratações em massa (desindustrialização), vem aí a queda da classe média pela concentração de renda e poder num cenário de poucos abastados e multidões dependentes. Algo visto da Idade Industrial para trás. A diferença é que esse ambiente hoje é tragédia anunciada: redes sociais são acionadas, rapidamente mobilizadas pela inevitável condição e insatisfação dos povos, eleições políticas já mostram radicais surpresas em dezenas de países, inclusive, alguns do G20 estão entre eles.

Acentuadas desigualdades entre classes, ênfase equivocada e massificada nas diversidades, migrações por pressões de desemprego, baixa renda, guerras, conflitos armados e destruições em números históricos são componentes de tensões distribuídas na nossa residência Terra. Em fermentação constante o stress social e psicológico.

Este ambiente está aqui no nosso livro no capítulo 5 - *Emprego e carreira na natalidade humana x natalidade tecnológica*, com sugestão de caminho para atitude e busca de superação.

2. ACELERAÇÃO, TAXA DE VAIDADE E PODER

Aonde você vai com tanta pressa?

Em dado momento, na evolução para se chegar ao patamar atual, tivemos a democracia digital.

Aceleradamente, de 20 anos para cá, a tecnologia começou a oferecer meios para que indivíduos e grupos criassem produtos, serviços, sistemas de entregas, de vendas, transporte e fossem competitivos. Disparou o empreendedorismo mundo afora. Empresas médias e, em específico, as grandes passaram a ficar preocupadas com a quantidade e o desempenho dos pequenos negócios alavancados pelas criações em novas tecnologias digitais. Nascia a figura Startup, investidores sentiam o gosto de lucro extra neste modelo, nas alturas o Vale do Silício. Startup é o que há de melhor para se saborear a cereja do bolo empresarial: ganhar mais com menos. Aliás, neste modelo se ganha muito mais com muito menos.

Então, num dado momento, a tecnologia colocou o mundo "nas mãos de muitos". Porém, voltou para "as mãos de poucos" em concentração de poder empresarial, econômico e político (Leia *Para poucos e para todos*, na página 127).

A complexidade em que entramos agora com a concretização da Idade Digital pode ser avaliada no filme com sugestivo título *O mundo depois de nós*. Moradora na frenética New York, uma família viaja para período de descanso na provinciana, agradável e não distante Long Island. Em felizes férias, são informados de que ocorreria nos Estados Unidos fenômeno inexplicável parecido com "blecaute nacional". É dado início a tormentos em sequência:

1°. Sabotagem aos meios de comunicação (Internet, telefonia etc.) e ao fluxo de transporte de forma que regiões ficassem isoladas;

2°. Provocações de ataques diversos, como constantes quedas de aviões, congestionamentos e batidas entre carros autônomos;

3°. Chuvas de panfletos jogados por enormes drones com informações para aterrorizar a população americana, iniciar atitudes de desespero, intensos conflitos pela sobrevivência diante das explosões em vários lugares e anúncio da chegada de uma hecatombe;

4°. Cidadãos em atritos, discussões, não conseguem o

entendimento, muito menos, consenso sobre o que se passa e viram adversários entre eles, dentro do próprio país.

Experiente engenheiro tinha conhecimento prévio de que estava orquestrada a derrubada interna dos EUA através de estratégia tecnológica elaborada por união de nações adversárias interessadas em impor nova hierarquia no planeta. Foco central era fazer os EUA saírem de poderosos para submissos. O engenheiro salienta: "Historicamente, fizemos muitos inimigos ao redor do mundo".

Para as abordagens do nosso livro, chamam atenção:

- O inteligente-cibernético caos orquestrado pelos rivais não é peça de ficção científica, é cem por cento viável. Silenciosamente, nos degraus subidos nos bastidores, é possível observar elos entre países para cenário bastante parecido. Observe com madura atenção os encontros diplomáticos e o geopolítico Movimento Sul Global, acompanhe a preocupação do FBI com inserções de *malwares* asiáticos nas redes de computadores para furtos de dados e danos em instalações de infraestrutura como energia elétrica e abastecimento de água: "Estamos permanentemente focados, é ameaça real", frisou o Diretor da Polícia Federal dos EUA, Christopher Wray, recentemente.

- Durante os transtornos, numa linha realista, simultaneamente familiares e visitantes vivem os fatos na casa, nas redondezas, ao mesmo tempo em que debatem efeitos existenciais e sociais dos dias de hoje, entre eles distância pais e filhos, preconceitos, atitudes egoístas, vício de celular, dedicação a bens materiais a partir do dinheiro, deterioração do diálogo e das relações sociais.

- No contraponto, a pequena Rose, filha na família em férias, troca o clima do caos pelas vontades naturais humanas de nadar na piscina, andar pela mata próxima da casa, saborear biscoitinhos, conviver com animais e, insistentemente, tenta assistir à humorada, fraterna e familiar série Friends. É claro, todos se irritam, ficam preocupados com ela, que vai em busca de alguma casa vizinha que possa ter sinal de internet para... assistir Friends.

Como termina o filme? Bem, recomendo *O mundo depois de nós* após o que você leu no *Egoísmo saudável*.

Nesse incontrolável fluxo tecnológico da Idade Digital, significativamente, crescerá a exigência de diretriz global em regulamentações e regulações de segurança cibernética e redes sociais entre governos e corporações. Lado a lado, em igual proporção, continuarão avanços para o resgate das decadentes condições humanas, sociais e ambientais, da falência estrutural do Planeta Terra, o que vai trazer para máxima prioridade os projetos ESG (*Environmental, Social and Governance*) dirigidos para conscientização, implantação de padrões de sustentabilidade climática e bem-estar das populações.

Em 2023, a paciente natureza reforçou alertas:

- Recordes em picos de temperatura no mundo – superaquecimento.
- Desastres ambientais com nítido descontrole testemunharam expansão e variedade de catástrofes.

Felizmente, há quantidade de movimentos de luta, de batalha pelo resgate humano-sustentável, inclusive com uso consciente de dispositivos de IA. Iniciativas pela sustentabilidade em manifestações de rua, formações de grupos em redes sociais, apps, blogs, sites, nas nuvens! etc.

Por sinal, entre iniciativas nessa direção, está aí o Projeto Golden Zone (goldenzone.med.br) com a colaboração da Golden Service (gservice.com.br) e BYD Brasil (byd.com.br). São orientações especiais sobre Saúde (inclui recomendações relevantes sobre câncer), medicina no estilo de vida, meio ambiente ☼, longevidade, referências sobre as Blues Zones (regiões de moradia de centenários), mobilidade elétrica e energia solar na sustentabilidade ambiental.

O idealizador e CEO do Projeto Golden Zone, Luiz Xavier, costuma dizer:

- Não acorde o câncer que dorme em você.

Além de alerta, este é o título do seu vídeo no You Tube perto de 1.000.000 de visualizações. Colocou no seu Zapp a frase: “O chique é ser saudável”.

Acrescento: tão chique que se você não parar para dar atenção à saúde, ela para com você... (Leia *Gestão da Correria,* no 4° Capítulo.)

Nesse objetivo humano-sustentável, que já faz parte de debate mundial, trago de volta a tese que desenvolvi em 1976 na Faculdade de Comunicação: *Conflitos na existência social, humana, tecnológica pela pressão do progresso – Aonde vai você com tanta pressa?*

Uma das motivações foi o livro publicado em 1975 com o instigante título *O mito da neutralidade científica*, de autoria do filósofo Hilton Japiassu. Ele puxa a raiz da questão: a ciência é irrefreável, o ser humano nunca tirou o pé do acelerador de invenções independente dos efeitos tanto positivos quanto negativos. Há sempre investidor para pagar o cientista, impossível o recuo na medida dos interesses, dos salários, lucros conquistados pelas invenções e, eu acrescentaria, pelas insanas taxas de vaidade[1] que sobem à cabeça pelas repercussões, algo como um "narciso-arrivismo" (criei esse termo no artigo *Ser SER*, em 1977).

Tecnologia da Idade Digital é transformadora, espetacular das soluções simples até as complexas, como foi enfatizado, porém, nenhuma regulação e/ou regulamentação terá consistência para se sanar crônicos efeitos negativos colaterais sem atenção para a raiz na relação cientista-investidor-lucro-poder. O filme *Oppenheimer* (13 indicações para Oscar 2024) traz oportuna ilustração a respeito.

IA na Idade Digital será multivitamínica para imensurável projeção das empresas de tecnologia – Big Techs –,

---

[1] "Podemos nos defender de um ataque, mas somos indefesos a um elogio". Psicanalista Sigmund Freud.

estrategicamente aliadas nos bastidores dos negócios e aparentes concorrentes junto ao público. As principais corporações de tecnologia ultrapassaram US$ 1 trilhão em valor no mercado; devido às demandas por IA, especialmente ChatGPT, a fabricante de chips, Nvidia, foi puxada em curtíssimo tempo para 4º lugar no ranking mundial: vale US$ 1,94 trilhão.

Há estreitas ligações entre os seus executivos, projetos, desenvolvimentos e alvos. Sabem mais sobre a sociedade, as famílias, pessoas, seus hábitos e comportamentos do que as próprias. Assediam, mapeiam, manipulam e atendem a interesses variados a preços mínimos que somam bilhões por escala ou "de graça".

Big Techs estarão em todas as áreas empresariais, sem exceção, de maneira direta ou indireta. Ah! Não descerão do topo das corporações líderes.

Em trecho da minha tese, friso: "O tempo do ser humano evolui, naturalmente, em progressão aritmética; o tempo da máquina pós-revolução industrial é veloz e evolui em progressão geométrica. A atração gerada pela máquina nas pessoas produz um reflexo condicionado pavloviano, infere na natureza dos processos humanos. Logo, vem aí embate de pesadas consequências".[2]

"Os progressos contemporâneos têm repercutido, porém, não podemos deixar de observar como distanciam o homem dos meios naturais, conduzem-no para o desraizamento absoluto".

---

[2] Leia *A sociedade do cansaço*, do filósofo Byung-Chul Han, ano 2015.

Bem, 48 anos depois da tese, o homem ainda é ser humano em progressão aritmética, a tecnologia continua em progressão geométrica e o previsto "desraizamento absoluto" atualizo para **D**ES - **H**UMANIZAÇÃO.

3. ATITUDE É A CHAVE

Que tal mergulhar para dentro de você

Na porta estão sonhos, vontades, conhecimentos e eletrizantes opções via tecnologia, mas a chave está com você: ATITUDE.

Na nossa constante busca por caminhos comportamentais e existenciais, por recompensa-satisfação-prazer físico e psicológico, temos orientações milenares que ganharam expressiva evidência:

- Definir o que você quer na vida
- Qual a sua meta

Ou seja, fazer escolhas e ter propósito.

E assim são centenas de milhões de mensagens sobre "escolhas" e "propósito", que acabam por banalizar palavras indicadoras de atitudes tão importantes, decisivas para viver de forma saudável. Esse é um **efeito colateral** da Idade Digital: a diluição, banalização de termos e atitudes tão especiais para nós humanos, muitas vezes tornar superficial o que é vital; o que é construtivo, orientador perde longe para coisinhas e ti-ti-tis (popularesco TikTok acima de 1 bilhão de usuários ativos no mundo e rede líder em acessos no Brasil).

Pense, reflita, se o ser humano não souber escolher suas trilhas, seus rumos, não souber definir uma meta, sem dúvida ficará desnorteado em crises existenciais à deriva. Fato curioso é que, exatamente nessa idade da humanidade em que temos tanto conhecimento disponível, tantas alternativas na palma da mão, as escolhas e o propósito se tornam complicados... Por quê? Talvez pelo que diz a música da banda Capital Inicial: "As pessoas estão cegas de tanta informação".

Que tal a atitude de trazer para você escolhas e propósito e criar as **suas verdades** para as dimensões de vida? Que tal realçar e **viver seus méritos**? Na medida em que você conversa com você no objetivo de puxar, botar para cima as suas verdades, as palavras e atitudes passam ter o seu jeito de ser; você abre o guarda-chuva, não fica molhado na tempestade de informações e estimulações superficiais, na quantidade de comparações e impulsos para imitações sem a sua cara e desejos.

Com suas verdades, torna-se saudável, produtiva a autorrelação entre mundo interior e mundo exterior (Leia *Capítulo 1*). Frase muito bem colocada pelo filósofo espanhol Ortega & Gasset: "O homem é o homem e as suas circunstâncias".

Que tal criar atitudes dirigidas para escolhas e propósitos do seu interior para o exterior? Fazer a recondução comportamental de forma que as suas atitudes sejam ponto de partida e de chegada – irrigação diária da personalidade!

Nessa sociedade de hiperestimulações digitais minuto a

minuto, comprar a briga consigo mesmo, enfrentar-se positivamente para **decretar as suas verdades** é inadiável para o freio na ansiedade, alegria própria e de quem está à volta.[3]

Exagerada essa sugestão? Em hipótese alguma, tanto que o livro *Egoísmo Saudável* é sucesso também em cursos, mentorias, e os números das estatísticas na área da saúde evidenciam o tamanho da importância para o automergulho até a sua essência, até o que te move. Vamos ao cenário:

- No Brasil, são 123.000 caixas de remédios para ansiedade vendidas por dia, sem incluir postos SUS e demais unidades públicas. É o país com maior número de ansiosos da América Latina, disputa primeiras colocações em pesquisa planetária, segundo a OMS.

- Outras estatísticas globais também da OMS informam que é a doença que mais "incapacita" pessoas e está há anos entre principais causas para suicídios. Na Europa, entre 2000 e 2011, ansiolíticos tiveram pique acima de 100% em vendas.

- Considerados "problemas emocionais ou psicossociais em manifestações como depressão ou ansiedade": 46% da população europeia (OMS, *Manual Diagnóstico Estatístico de Transtornos Mentais*, julho de 2023). Já existe aliança de países na Europa para combate à depressão, com estudos específicos sobre *burnout*.

---

[3] Cutucada, provocação da Banda Legião Urbana para aprofundar reflexão: "Quem é o inimigo? / Quem é você?"

- No Japão, 250 mil depressivos em cada grupo de 1 milhão de japoneses.

Evolução? Estágio de refluxo do progresso?

Por um lado, conquistas magníficas estruturais, materiais, em saúde, educação, conhecimento, conforto, longevidade etc impensáveis em tão curto tempo; por outro lado, índices de exaustão da sociedade, das famílias, do meio-ambiente e das pessoas – cresci sem ouvir falar em depressão...

Cena comum:

A pessoa à noite em casa no macio sofá na sala, diante da smart TV com perfeita nitidez, canais para qualquer desejo, celular incorporado para controle geral sem sair do seu bem acomodado espaço, deliveries diversos à disposição – pediu? Chegou! Todo prazer doméstico comprado com prazo, preço acessível pelos ganhos por escala do comércio eletrônico... porém, a pessoa assiste catástrofes com inundações, posses de ditadores, guerras, psicólogos que falam sobre conflitos pais e filhos, entre gerações X, Y, Z, Alpha etc, protestos por demissões... e quando vai dormir desliga a smart TV, mas não *se desliga:* veem a ansiedade, insônia, celular e o remedinho.

Nestes extremos, algo não fecha na natureza humana na Idade Digital, é visível o fosso afetivo-existencial a ser analisado.

O fato é que a pressão das cobranças é incessante, a nossa energia no combustível diário tem limite, tanto que precisamos dormir para nos reabastecer, sono é o posto de gasolina para funcionarmos na manhã seguinte. Não temos a velocidade imposta, mas vivemos a ilusão de que podemos atender a tudo, a todos via celular ou computador. Corpo-mente não se sustentam. Entre consequências, o efeito Alzheimer precoce, a palavra mais falada é "esqueci", "esqueci", "esqueci", minutos depois de algo conversado ou visto as pessoas, da criança ao idoso, não se lembram (Leia Capítulo *A Família, a sociedade e a falta de saciedade*, na página 94).

Outras tecnologias ocupavam espaços humanos materiais, operacionais, de produção, utilidade doméstica, não invadiam o privativo e familiar psicológico, emocional, afetivo e íntimo; o ser humano mantinha o mérito dos resultados e da autoria, que, de fato, era sua. Na medida da ausência do mérito próprio, vem a frustração, a perda da autoestima.

Quando bebês, fazemos gracinhas para agradar papai-mamãe e assim prosseguimos na vida atrás de reconhecimento, valorização e respeito; por natureza, o ser humano quer mérito, "quer um troféu" na forma de singela medalha ou de taça para ser levantada com as duas mãos.

Sem dúvida, na medida em que êxitos não refletem o mérito, que não fazem **você gostar mais de você** e passam por atalhos tecnológicos, geramos comportamentos copiáveis, descartáveis, algo como:

"Eu te amo sai da boca sem passar pelo coração"

"Acelerar áudio para ouvir mensagem de segundos"

"Comer é engolir"

"Pensar e trabalhar é copiar-colar"

"Pêsames, parabéns e urgências por mensagens"

"Cortar ou acelerar vídeo de poucos minutos"

"Sexo é ficar, tchun e tchau!"

"Diálogos por letras – Sdd vc tb n foi pq? Abs Bj"

Tradução: Saudades, você também não foi por quê? Abraços, beijo"

No ar 24 horas, **quem aguenta!?** Estamos no Planeta Terra ou no Planeta Nuvem?

Esse é o território que dou o nome de **D**es - **H**umanização, não existe feliz humano sem início-meio-fim, sem laços para sensíveis amadurecimentos, encontros, vem aí a **Crise do Afeto** - para resgate emocional terapeutas vão começar a orientar pacientes para que criem agenda de visitas presenciais para diálogos, beijos e abraços (Leia *Alô! Ainda somos filhos da natureza*, na página 75).

Assistimos a evolução do ser pré-robótico e, por que não, de multidões conectadas já robotizadas de chip em chip, app em app, link em link? Liberdade imaginária na medida do cerco de tela em tela – em que momento você está livre de uma tela?

Logo, que tal unir eletrizantes soluções da vida digital com a natural vida afetiva, com a suas verdades, passar de reativo para ativo em cima das reais exigências do seu mundo e das suas convicções? Voltarmos ao íntimo prazer natural no lugar do fabricado artificial? Que tal - juntos - avançarmos para o Movimento de Humanização Tecnológica-MHT proposto neste livro?

Você precisa atender a esse novo, desafiador ciclo da

humanidade para se entender. A adaptação é urgente, mas cercada de elevada pressão se torna tão complexa quanto à velocidade de dados e fatos. Com esse foco deve ser tratada até que se descortine com abrangência como será o seu amanhã.

Na medida em que conseguir a sintonia **Minhas Verdades+Tecnologia**, prossiga, administre, sustente o seu sucesso com você, quem e quais ambientes TE MERECEM! Cante e dance vida egoísta com espírito saudável .

Essa é a proposta da ATITUDE EGOÍSMO SAUDÁVEL para você pegar fogo, incendiar o prazer com o seu jeito de ser!

O conteúdo do livro de novembro de 2018 e aqui atualizado teve inspiração a partir do total sucesso do curso *Que mundo é este? Atitudes já! Para gestão da correria e freio na ansiedade.*

Então, vamos colocar na prateleira, arquivar aqueles números dos ansiolíticos, tomar o remédio composto por inteligência natural chamado... EU, motivador, energizante, sem efeitos colaterais; na alegria, nos quebra-molas, em quaisquer momentos, você com você numa história de vida bem saudável e cheia de méritos.

Vamos em frente em todas as páginas!

Sumário

Redação com estilo inédito 10

Prefácio 13

Introdução 17

Muitos relacionamentos e... cansado de mim?!

Por que levar a você o Egoísmo Saudável se podia ficar com ele só para mim?

Origem de um egoísmo que se tornou... Saudável!

Egoísmo Saudável

Capítulo 1 34

Mundo interior x mundo exterior e o comportamento egoísta

"Você tem que! Você tem que! Você tem que!" Quem disse? Por quê?

24 horas no ar, quem aguenta?

Capítulo 2 62

Ambientes para pensar e desenhar dimensões para sua vida

Alô, ainda somos filhos da natureza!

Capítulo 3 94

A família, a sociedade e a falta de saciedade

Capítulo 4 104

Gestão da Correria: resultados com menos retrabalhos, desperdícios e saúde em dia

Brasileiro não sabe sustentar o sucesso

Capítulo 5 120

Emprego e carreira na Natalidade Humana x Natalidade Tecnológica

Para poucos e para todos

Sem emprego, existe dinheiro para comprar o que a tecnologia produz?

E EU neste contexto?

E uma trilha para resolver emprego?

Decisão com a sua cara

Capítulo 6 174

Era do Conhecimento x Era do Emburrecimento

Educação, família e instituições

Valorizar ousadia, sabedoria e imaginação

Capítulo 7 202

Falência do Tesão: ficar e curtir ou sentir e gostar?

Capítulo 8 214

Egoísmo Saudável como provocação e atitude: o que me move hoje e amanhã

Redação com estilo inédito

Escrevo sem a figura do gerúndio.* Meus dois primeiros livros e também este foram escritos com um total de 112.556 palavras sem uma sequer em gerúndio. O mesmo ocorre em milhares de outros textos nas minhas atividades profissionais, desde os de mensagens aos dos relatórios, planejamentos e artigos, dos fáceis aos complicados.

O gerúndio é a forma invariável da flexão verbal, resultante da mudança do ***r*** final do infinitivo em ***ndo***: cantando, sofrendo, sentindo, pondo, e que corresponde a um adjunto adverbial; às vezes aparece regido da preposição *em*.**

Um vício que teve origem na faculdade de Comunicação Social. O estilo virou referência para adversários do hábito de exceder-se nessa forma verbal. O jornal *O Globo*, na sua página editorial, publicou o meu artigo "O mundo sem gerúndio", que por três dias rendeu uma avalanche de *e-mails* com diversas manifestações (leia o artigo e conheça os livros no site www.empresafamiliarconsultoria.com.br).

Ainda como reflexo do vício ou birutice, coloquei uma plaquinha dentro do banheiro de casa, com os dizeres: "Sorria, aqui você também é filmado". Alterei a frase original "Sorria, você está *sendo* filmado."

A supressão do gerúndio teria também a simpatia do clássico escritor Graciliano Ramos. Ele considerava o gerúndio "impreciso e pastoso", lembrou Sergio Rodrigues, no *Jornal do Brasil*, ao comentar o lançamento do meu primeiro livro, hoje em terceira edição.

Confira e avalie os reflexos da ausência do gerúndio.

José Renato de Miranda

* *Dicionário Brasileiro da Língua Portuguesa* - O Globo.

"Egoísmo Saudável,
uma atitude que beneficia
não só a pessoa,
mas também os que estão
à sua volta."

Prefácio

Qualquer passageiro de avião sabe que, em caso de despressurização da cabine, não importa se há uma criança ou idoso por perto, ele deve colocar a máscara de oxigênio primeiro em si mesmo e só depois ajudar os outros. Isso acontece porque o curto tempo que uma pessoa leva para socorrer a outra é suficiente para ficar sem oxigênio e desmaiar. O passageiro ao lado acaba ficando em risco, sem nenhum tipo de cuidado.

É um caso clássico de Egoísmo Saudável, para usar o termo que o autor José Renato de Miranda cunhou nesta obra. Uma atitude que beneficia não só a pessoa, mas os que estão à volta dela. Um exemplo que mostra como, quando cuidamos primeiro de nós mesmos, estamos em condições melhores de nos dedicar à família, aos amigos, às atividades profissionais, aos nossos *hobbies* e paixões. Conseguimos entregar-nos a tudo isso de corpo e alma, inteiros e conscientes das nossas forças e fraquezas, das nossas aspirações e dos desafios que temos pela frente.

Neste livro José Renato de Miranda baseia-se na sua experiência pessoal e profissional para fazer o leitor pensar sobre a importância de estar "na gestão" da própria vida, sem deixar-se levar pelo ritmo frenético das mudanças no ambiente externo e pelas pressões cada vez maiores da tecnologia digital – estímulos e ruídos concorrentes – que, mal conduzidas, podem deixar-nos cada vez mais estressados e em "piloto automático", tentando atender a todas as demandas alheias, sem dar atenção às próprias necessidades.

A vida moderna impõe-nos esse desafio. O *e-mail* que chega quando o telefone toca, uma nova mensagem de WhatsApp apita, você tenta concentrar-se em um relatório importante e o filho pede atenção com a lição de casa. Em algum momento, é preciso parar para silenciar a mente, retomar contato consigo mesmo, saber priorizar e desacelerar para buscar mais qualidade nos relacionamentos e nas decisões. Não à toa temos notícia na mídia do interesse crescente por técnicas de autoconhecimento como a meditação (ou *mindfulness*), usada com resultados eficazes em consultórios, hospitais e até empresas para melhorar a atenção e controlar a ansiedade.

É uma mudança de postura saudável sobre a qual José Renato de Miranda convida-nos a refletir nas próximas páginas, abordando tendências atuais e situações do dia a dia com as quais todos nós nos identificamos de alguma forma.

Quer praticar o Egoísmo Saudável e ainda não sabe como começar?

Uma boa leitura pode ser um excelente ponto de partida.

Carlos Mendonça

Sócio e líder em Empresas Familiares
da PricewaterhouseCoopers-PwC Brasil

“Muitos relacionamentos e...
cansado de mim?!”

Introdução

Em algum lugar do passado, desde o meu primeiro emprego – vendedor porta a porta –, comecei o que viria a ser uma intensa convivência com as pessoas, nos mais diferentes tipos de relacionamentos, locais e situações. Constantes atividades externas, estava – e assim continuo – diariamente ao vivo na sociedade.

Nunca mudei o rumo ou interrompi o percurso. Nada de vida entre quatro paredes, nem no lazer! Jogo futebol de campo, pratico exercícios ao ar livre, faço festas na varanda, viajo de férias para recantos de cidades do interior, e a minha casa, além de cercada pelas árvores, perfumada pelas flores, vigiada pelos pássaros, ganhou salão com enorme vidraça de frente para uma sequência de montanhas de nome Serra dos Órgãos, em Teresópolis, estado do Rio de Janeiro. Alguém captou e resumiu:

"Até dentro de casa, você está fora."

A vida com pouca permanência em ambientes fechados, o prazer pelos relacionamentos com pessoas, grupos, com o tempo trouxeram, sem dúvida, a ampliação de conhecimentos, experiências e conclusões sobre comportamento humano.

São décadas de estrada em que as observações somaram-se nos mais diversos momentos, fases e ambientes. Hoje facilitam bastante a convivência com os outros e comigo mesmo – é isso, *comigo* –, em especial depois de uma fase em que me sentia "cansado de mim": questionava, criticava ou via-me incomodado com os outros, mas acabava irritado... comigo!

Conto aqui essa experiência em que galguei um importante degrau para ver-me melhor, recompor-me em relação ao mundo e articular, então, o Egoísmo Saudável, uma atitude que possibilita à pessoa ter os desejos e interesses sob controle, dominar a pressão dos outros, da sociedade e, em específico, da eletrizante e sedutora tecnologia digital.

Acredito que Egoísmo Saudável e os casos reais que o acompanham poderão também somar para você. São aprendizados racionais, emocionais, sensíveis, individuais, coletivos, curtidos pelo tempo e compartilhados numa relação imediata com as expectativas de quem abre as páginas deste livro. Aprendizados que, de alguma maneira, estão ligados a situações que também você vive, viveu, imagina ou que vêm por aí.

Este livro serve para quem? Qual o perfil do leitor(a)?

Certamente você se identificará com a atitude do **Egoísmo Saudável**, seja lá qual for a idade, sexo, renda, região, religião... enfim, **basta gostar de ser humano.**

Por que levar a você o Egoísmo Saudável se podia ficar com ele só para mim?

O Egoísmo Saudável é um caminho para o seguro mergulho nas suas profundezas partir do entendimento do **afeto** como **reflexão** e do valor do **egoísmo** como **atitude**.

Um caminho para localizar-se no mundo, ter as dimensões que você pode dar à sua vida neste momento muito especial da humanidade, em que a tecnologia digital impõe, comanda o comportamento das pessoas, famílias e sociedade, e cria dependência por atender de imediato quaisquer necessidades, objetivos, expectativas atuais ou que venham a existir.

Pela primeira vez estamos envolvidos por surpreendentes acontecimentos com impactos em velocidade, sequência, conteúdos e efeitos acima da capacidade de absorção dos seres humanos nas suas condições naturais, materiais e convencionais, da gravidez ao idoso. De repente surgiu um mundo em que comer é engolir, sexo é ficar, pensar é copiar-colar, crescer no trabalho é atropelar, "eu te amo" sai da boca sem passar pelo coração, filho é criado à distância, conversas são cortadas por vibrações, sinais e toques; relacionamentos acontecem por letras – "Sds, v. tb. n. foi, pq? Abs. bj.". Tradução: "Saudades, você também não foi, por quê? Abraços, beijo."

Tudo rápido! Tudo pronto! Tudo acessível! Descartável! Mas, ei!, espere aí... quem disse que:

Já podemos jogar fora?

Somos tão rápidos?

Estamos prontos e preparados?

Desejamos tudo que nos chega?

Psicológica e fisicamente está em gestação um novo ser humano, mas ainda não aconteceu o parto. Como e quando nascerá?

Impossível saber. Porém, o **certo** é que ainda temos sangue nas veias, e o **complicado** é que precisaríamos de fibra óptica nas veias para adaptação à velocidade do novo mundo criado pela Era Digital[1], em que o último espaço humano começa a ser invadido: a inteligência artificial e robôs fazem o que seria dom e poder da inteligência... natural.

Bem, o que fazer?

Livros, sites, blogs, aplicativos dão crias, brotam aqui e ali, o gênero autoajuda está fixo nas listas dos mais vendidos. São guias e manuais com títulos estimuladores para soluções existenciais sempre na linha do "você pode", "seja determinado", "saiba como", "cinco, dez, vinte... passos", "faça isso, faça aquilo", "como entrar", "como sair", "os segredos do", "chaves para". E aparecem aqueles livros, *blogs, sites...* que prometem ser "o definitivo" para você alcançar a felicidade eterna. Começam a chegar ao mercado os robôs autoajuda, conselheiros, amiguinhos confidentes!

---

1 O que vem a ser essa tecnologia que produziu a 4ª Revolução, a Digital? As definições do termo Tecnologia Digital são científicas, acadêmicas, ficam a quilômetros do propósito deste livro. É preferível o entendimento prático dos efeitos positivos e negativos dessa tecnologia nas pessoas e na sociedade.

Os guias e manuais funcionam, é claro, caso contrário o volume de vendas e visualizações indicaria que a humanidade está doente... em definitivo. Ocorre que não somos um "formatável" *software* com atualizações automáticas, tipo "clicou na testa, fez *download*, está resolvido", ou "leu o manual e é só obedecer as orientações que a vida será bela".

Por este motivo, o Egoísmo Saudável dispensa o conceito de guia ou manual, é, sim, a forma de você conscientizar-se e dar a partida para continuar a ser como gostaria de ser, para saber colocar a tecnologia a seu favor e usufruir do que ela tem de legal e espetacular, ela ficar tão saudável quanto o seu egoísmo. Resgatar a sua verdadeira posição humana, reaver a personalidade. E aí, embaixo da tempestade de informações e nessa tomada de atitude, saber filtrar virou algo mágico! Duvide, questione, veja o que lhe importa, o que e quem o/a merece! Isso toca a sensibilidade, faz crescer a personalidade e aumenta a inteligência.

O "ser ou não ser" de Hamlet, inquieto personagem do dramaturgo William Shakespeare, continua vivo, só que muito mais complexo porque não há limitação de tempo e espaço; em qualquer recanto da Terra há hoje multiplicação instantânea de informações, ideias, motivações, tendências, tentações; de possibilidade de deslocamentos; de convivência minuto a minuto com inúmeros ambientes do planeta.

Estão em choque o nosso mundo interior com o mundo exterior, e este tem como aliada a imbatível tecnologia digital com as suas mirabolantes soluções virtuais. O ser humano é mexido e remexido pelo emocional (afeto) e pelo digital (tecnologia) nos seus dois mundos.

Desde os primórdios nenhuma tecnologia gerou colisões de tamanho porte, intensidade, profundidade; as pessoas e a sociedade tinham convivência que possibilitava a condução das questões humanas; a dinâmica permitia um tempo para se amadurecerem tendências, ideias, caminhos, educação, valores. No mundo exterior, na sociedade, não existiam influências – muito menos tecnológicas, capazes de dominar pessoas e instituições, de penetrar no íntimo e bagunçar o afeto, as emoções.

Hoje os conflitos, as questões, vão para dentro da essência humana, para a raiz, o reino abissal. Passamos a ser transformados pelo mundo que mudávamos numa evolução administrável, sob comando humano. Agora nós é que somos transformados, e – pior e cabeludo – para não sermos o humano de antes! Abre-se novo ciclo da humanidade, que irá preparar o homem robótico, cibernético ou parecido. O pormenor é que tal ciclo irá gerar outros, está aí em evolução a 4ª Revolução, a Digital. Como serão a 5ª, a 6ª?... – vale a pena fazer pesquisa sobre Trans-humanismo.

Vidas abertas, absoluta falta de privacidade, de tempo para entender o que acontece com você e à sua volta; ondas seguidas; desalinhamentos nos meios sociais e instituições que compõem as pessoas, coletivamente.

O ritmo, a frequência, as diversificadas e compartilhadas informações trazem impactos e dificultam a adaptação de tal forma que os seres humanos começam a perder as rédeas, o pleno domínio sobre a própria existência. Vive-se de *software* em *software*, de aplicativo em aplicativo, e onde entramos? Cadê nossas histórias? O que contar se, ao lado ou distantes dos outros, estamos cercados por informações e soluções automáticas, instantâneas, precisas? Deixamos de ser os protagonistas das nossas vidas – *"Alô, me solta!"*

Ficamos divididos ou submetidos aos efeitos dos impactos tecnológicos de frenética, penetrante velocidade: o passado deveria ser referência de fatos, valores e discussões sobre rumos, e é página virada; por sua vez o presente é ontem e o futuro é já! Vida louca três em um!

Independentemente da idade, todos precisam **redimensionar a vida** e ter de volta seu **pleno equilíbrio**. Esse é o objetivo do texto que segue. Espero que possa ser útil para motivar reflexões, ativar atitudes e o dia a dia ficar do seu jeito.

A sugestão é a prática da atitude Egoísmo Saudável como meio para retomar o poder sobre si mesmo ou de manter o poder sobre si mesmo quando você nem sentiu que perdeu. Colocar a Era Digital a seu favor, fazê-la trabalhar para você, dar prazer, usá-la e não ser usado. Ficar por cima nessa relação passional, mas:

1. Como chegar lá, se você ainda não encontrou uma maneira de lidar com a ansiedade e seguir em frente?

2. Como atingir soluções se você sequer pensou e amadureceu o tipo de problema e os efeitos?

No Egoísmo Saudável o rumo e o entendimento sobre o que lhe traz dúvidas, ansiedades e aflições começam pela atenção aos seus impulsos[2].

Que tal voltar à convivência com os seus naturais impulsos via Egoísmo Saudável – mergulhar no seu íntimo, apegar-se a você mesmo e ter o seu jeito de conviver com quem e o que você gosta no prazer pela vida?

Prático? Sim. Dá certo? Sim, motivo pelo qual levo o Egoísmo Saudável a você. Jamais poderia ficar com ele só para mim...

Origem de um egoísmo que se tornou... saudável!

Como surgiu o encontro destas palavras *Egoísmo Saudável* que, aparentemente, são contraditórias: uma diz respeito ao costume ou comportamento de uma pessoa ao colocar os seus interesses, objetivos, desejos e necessidades em primeiríssimo lugar, sem preocupação de dividir com quem quer que seja; já a outra palavra diz respeito aos ambientes, relacionamentos,

---

2 *Impulso:* estímulo que possui força para levar o indivíduo a fazer determinada ação. Qualquer estímulo pode vir a ser um impulso, desde que tenha uma intensidade que provoque a ação. O impulso leva o indivíduo a ter determinado comportamento ou a reagir de determinada maneira, até que o estímulo venha a ser reduzido ou eliminado, graças à ação provocada (Fonte: Dicionário informal).

produtos e serviços que são sadios para a mente, o corpo, o lado espiritual, enfim, que trazem benefícios, que fazem bem. Logo, ficaria a pergunta: quem pensa só em si, cuida de si sem levar *em consideração os outros, pode criar um ambiente leve, agradável e positivo?*

A resposta e a quebra da contradição estão numa mudança de postura em que você poderá atingir a satisfação própria através de convivência amiga e prazerosa com as pessoas e o mundo à sua volta. Tal mudança de postura está na união das duas palavras: egoísmo + saudável.

A união nasceu num diálogo espontâneo entre este autor e uma psicanalista. Vamos a ele!

Em 1999, em Macaé, cidade do estado do Rio de Janeiro conhecida pela maior concentração de petróleo e gás do Brasil, fui responsável por palestra magna para professores universitários no encerramento do ano acadêmico.

O tema: "Tecnologia e transformação social".

*No início do debate após a pal*estra, uma psicanalista com formação em psicopedagogia comentou sobre a sua dificuldade para "administrar o tempo". Reclamou:

— Há quase dois anos não consigo finalizar meu livro sobre psicanálise. Consultório, aulas, família... atividades, situações, assuntos que surgem muito rápido, conforme você mostrou na palestra; enfim, alguma sugestão sobre como organizar melhor o meu tempo para encerrar o livro?

Inspirado pelo simpático evento, disparei:

— Olhe, fala-se em métodos, fórmulas para "administrar tempo", "definir prioridades", mas o que atropela esses manuais é a velocidade das informações nos dias de hoje: tecnologia, globalização, multiplicação de novos acontecimentos que, de uma forma ou de outra, têm mexido muito conosco. Está difícil a dedicação serena, equilibrada, ao que nos interessa, ao que seria a nossa prioridade. O mundo exterior belisca-nos a todo momento.

Prossegui numa resposta bastante espontânea:

— Não temos sossego. É mais fácil encontrar tempo na família, em períodos de fins de semana, do que na universidade e no consultório. Agarre-se ao livro, brinque com o marido e os filhos: "*Volto* assim que acabar".

Meio assustada, e eu também. Afinal, conheci-a naquele evento. Mesmo com a colocação da família e do descanso em segundo plano senti que a argumentação poderia ter sentido.

— Diga para eles que a solicitem menos, que ajudem você a ter tempo para sua realização profissional, pois essa realização fará você gostar mais de você e... deles!

Testa franzida, perguntou com o tom de voz de aprofundamento de psicanalista:

— É, é uma maneira interessante de olhar, de abrir tempo para o livro; enquanto me realizo vou gostar mais deles... e eles de mim?

— Sim, seja um pouco egoísta.

— Difícil, nada simples no meu dia a dia. Irei ver-me incomodada.

— A causa é saudável, motivadora, são as suas experiências e ideias num livro; eles vão gostar de dizer que a apoiaram, vão fazer parte do seu sucesso. Você usar mais o tempo à noite e nos fins de semana para o seu livro, para uma meta, será um egoísmo bom, legal, um egoísmo saudável...

— ... Egoísmo saudável... gostei, muito boa a expressão, professor, vou refletir seriamente a respeito. Se pensarmos bem, do jeito que as coisas estão corridas as pessoas precisarão ter atitude diferente para resolver a falta de tempo, para que possam sonhar e, realmente, realizar.

Com isso o diálogo enriqueceu o debate sobre transformação social e a dificuldade das pessoas para o reencontro com o tempo para si mesmas. A expressão Egoísmo Saudável contagiou, tornou-se referência para trocas de ideias e comentários até o fim do evento.

Estávamos na glamourosa entrada do tão esperado novo milênio. A tecnologia nem tanto encantadora como viria a ser. A internet, os celulares com potências e acessos limitados, reduzidos; *notebooks* caros; não existiam *tablets*, *smartphones*, iPhones e redes Wi-Fi (*wireless fidelity*) muito lentas. A Era Digital ainda estava contida em relação à global, inédita e acelerada revolução que viria a ocorrer.

Digo *revolução* por causa da transformação mundial imposta pela tecnologia em todos recintos pessoais, familiares e sociais, numa veloz sequência sem chances para o seu criador acompanhar e, muito menos, controlar, dominar. E este passou a ser o ponto central!

Na década de 1980, conforme a propagação e avanço social da rede internet, vieram os produtos e serviços igualmente revolucionários. Crescentes invenções em aperfeiçoamentos da rede e acessos portáteis (*notebooks*, *tablets* e celulares). Uma desvairada evolução; e aí, já no novo milênio, chegamos a 2007, ano em que Facebook abriu a plataforma para a sociedade, Steve Jobs inventou o iPhone, Twitter entrou em expansão, Amazon fez o lançamento do Kindle, Google desenvolveu o Android e adquiriu o YouTube, foram iniciadas as idealizações do AirBnb (*startup*) e do armazenamento em nuvem.

Tremor global entre os terrestres em relacionamentos, competição e conhecimento interligados em rede planetária, com acessos na palma da mão, portáteis, em qualquer endereço e hora, e para qualquer lugar!

Recentemente, novos requintes para amarrar ainda mais a intensa e ininterrupta convivência tecnologia/ser humano: facilidade para criação de *softwares* e lançamento de sistema de redução de peso de vídeos, áudios e fotos, ou seja, falo do surgimento de aplicativos para gerar soluções diversas para as pessoas e do *streaming* para tornar leves e rápidos o *download* e a execução de áudio, imagens e vídeo na Web.

Os acessos aos interesses e às necessidades brotaram nas mãos das pessoas com o aperfeiçoamento do celular em *smartphone*[3].

Ironicamente, você passou a ter um aparelho que navega pela rede, fotografa, filma, exibe vídeo, distribui mensagens, faz gravações, pesquisas, envia *e-mails*, mensagens, produz jogos, brincadeiras e... também serve como telefone...

O estrondoso impacto ficou montado sobre quatro in-

---

3 *Smart*: ligeiro, penetrante.

venções: Facebook, Skype, Google e You Tube, que continuam a integrar soluções ilimitadas para relacionamentos, conhecimento e competição, ou seja, o encontro e a convivência entre pessoas e grupos; busca de informações para todos tipos de objetivo (particular, lazer, trabalho, saúde, consumo, curiosidade, investigação, família, identificação, trajetos etc.). Exposição viva sobre atividades, pensamentos e competências para disputa de espaços na sociedade, na política e no mercado de trabalho. Depois, vieram os aplicativos de semelhante potência de comunicação, um deles o WhatsApp – impossível ficar sem ele.

Temos hoje o ser humano hiperestimulado, zonzo debaixo da tempestade de bilhões de informações disparadas das nuvens da tecnologia digital. Em paralelo, ele encontra inúmeros quebra-molas para conduzir-se no seu íntimo e na sociedade. Resolver o tempo, saciar os desejos, manter os seus valores, fazer o que verdadeiramente sente e gosta ficou complexo diante das persistentes influências do mundo exterior via tecnologia.

Logo, refletir, aliás: ***mergulhar dentro de si e fazer a retomada do seu EU***, é uma atitude que pode ser oportuna; solução pessoal, existencial, em específico se souber adicioná-la às pessoas e aos momentos que motivam o seu bem-estar.

A influência da máquina na humanidade foi tema deste autor nos tempos de estudante universitário, na década de 1970. A aceleração, a ocupação de espaços humanos causados pela máquina, pela automação sempre chamaram atenção pelos reflexos sociais e psicológicos.

Naquela época, idealizei curta-metragem com o título *Aonde vai você com tanta pressa?* Escrevi estudo a respeito e ideias prosseguiram num excitante amadurecimento conforme a chegada das inovações tecnológicas e seus efeitos. Coincidentemente, ainda naquela época em que as ideias voavam com os meus cabelos, outra sementinha Egoísmo Saudável: nas minhas peregrinações em viagens de carona movidas a *rock* e aventuras, a música que ouvia repetidas vezes era *Look at yourself* (Olhe para você), da banda Uriah Heep.

De lá para cá, por gosto pessoal e carreira profissional[4], a chama pela relação tempo, tecnologia e existência humana saiu do fogo baixo e incendiou!

Vamos, então, mergulhar e, quem sabe, você descobrirá a opção para tornar sua vida bem melhor e sustentável. Ao longo do livro você vai encontrar fatos, ideias, sugestões, exemplos, enfim, o que precisa para pensar e localizar-se. O Egoísmo Saudável não é fórmula, manual, guia; é provocação para ajudar você a tomar decisões com liberdade e personalidade. Que tal?

A propósito, para fazer este livro tive que praticá-lo: a

---

4 Autor de método de gestão baseado no comportamental, no jeito de ser do brasileiro, com especialização em empresas familiares, ambiente lotado de questões emocionais e sentimentais entre gerações: www.consultoriadeimpacto.com.br.

exemplo da sugestão para a psicanalista, em diversas etapas fui saudavelmente egoísta em relação aos outros para manter a minha decisão de escrevê-lo.

Egoísmo saudável

"A questão é o *que* você ama, e não *quem* ama você."

"Mudanças acontecem, chegam quando você menos espera, não precisa provocá-las."

Frases do filme com o sugestivo título *Adaptação* (*Adaptation*), de Spike Jonze, elenco com impecáveis interpretações de Merryl Streep, Nicolas Cage e Chris Cooper (Oscar "Melhor ator coadjuvante"), trazem o eterno dilema dos seres humanos:

Tomar decisões no encontro entre a sua vida interior e o ambiente exterior.

O filme conta a história de dois irmãos gêmeos. Um é querido por todos, fica envolvido com os outros e ansiosíssimo para dar reciprocidade ao carinho; o irmão tem boas relações, convive bem com os outros, porém sustenta seus objetivos em prioridade. O primeiro não consegue entender que, antes de corresponder ao amor dos outros, precisa amar a si mesmo e evoluir com o que lhe faz bem; o irmão equilibra o seu mundo interior com o exterior.

E é por aí, acordamos e dormimos em constante busca para chegar ao equilíbrio, objetivo que remete as pessoas a inúmeros questionamentos, diversas alternativas e complicadas escolhas. Se dependêssemos de nós mesmos, se questões, sentimentos, caminhos e decisões estivessem sob nosso exclusivo controle... huuummmmm... delícia! Uma conversa, um bate-papo entre a mente e o coração seriam suficientes para clarear dúvidas e escolhas.

Mas existem impulsos dentro de nós e circunstâncias externas que fogem, não são palpáveis, controláveis; **impulsos** que estimulam intuições, sentimentos, anseios e emoções, **circunstâncias** que alimentam nossas ações, reações, criam fatos novos e movimentam comportamentos imprevisíveis.

Tais impulsos e comportamentos vão ao encontro dos circuitos da mente, das batidas do coração. Bem, aí, nesse instante é que viramos um ser complicadinho, nada tranquilo em resolver-se consigo mesmo. Perguntas, pendências, hesitações, ansiedades, opções, alternativas... as interrogações brotam de manhã à noite e prosseguem nos intervalos do sono. Estão presentes em situações comuns e complexas, positivas e negativas, até em desafios que poderão, de repente, atingir brilhantes resultados.

Elas estão aí, sempre vivas! Quem sabe, o ideal seja aprender a lidar com as dúvidas? Antes da questão, do problema, ter uma postura para ser e agir? Como no futebol, quando a bola é lançada, saber matá-la no peito para depois ver o que fazer com ela.

Veja que interessante:

Você estabelecer um jeito próprio para se conduzir diante de momentos e períodos positivos e negativos da vida pode ser o facilitador para pensar, traçar rumos e soluções, para entender “o que se passa”. Ter um jeito de ser e agir como ponto de partida diante de dúvidas do mundo interior, exterior ou dos dois juntos. Esse ponto de partida pode ser o Egoísmo Saudável.

Que tal?

CAPÍTULO 1

“Ame a si mesmo
sobre todas as coisas.”

Mundo interior x mundo exterior e o comportamento egoísta

No fundo, lá no fundinho – no reino abissal[5] humano –, existem os impulsos acionados pela nossa essência: o afeto. Ali estão exclusivos sinais, toques divinos que revelam como você foi feito, a sua raiz, a matriz; como você funciona original e naturalmente no íntimo e nos relacionamentos com os outros.

Os seus impulsos, os estímulos que saem lá do fundo, indicam como você deve funcionar para ter parâmetros verdadeiros, autênticos. Segundo a segundo o corpo está pronto para captar sensações e fazer ligações com as profundezas. O que vem depois são desdobramentos, influências; assim como vem depois o que a cabeça quer e os outros esperam.

A dúvida, o dilema sobre a melhor atitude a ser tomada, faz parte de um monte de abordagens há milênios, desde quando o homem deu início a algum tipo de convívio no dia a dia da raça em grupos.

---

5 O termo vem da biologia marinha, refere-se ao ecossistema situado na região mais profunda dos oceanos.

Nesse contexto as duas frases do filme mencionado na Introdução podem ir ao encontro de mensagens muito oportunas quando precisamos de combustível para pensar em nós com certo egoísmo e concentração:

"Ame a si mesmo sobre todas as coisas."

Já é a ***semente*** de um egoísmo que pode ser saudável. Ao mergulhar no seu reino abissal você se colocará em primeiro lugar. Nada de arrogância, de holofotes na vaidade, desvarios de poder, mas, sim, afirmar para si "primeiro EU" – num desenvolvimento construtivo.

"Se eu não posso ter o mundo inteiro,
farei do meu mundo o melhor dos mundos."

É o ***fruto*** desse Egoísmo Saudável, que deve ser saboreado com paciência e reconhecimento: nunca teremos tudo, todos ou todas as coisas. Por impossibilidade física, por limitações em geral, inclusive, precisaríamos ter a capacidade de super-homem ou mulher-maravilha para ultrarrápidos deslocamentos conforme as necessidades e vontades, ou já estar no futuro com o autotransporte do corpo e centenas de clones (aí não falamos mais em humanos...), pois está mais que provado que não podemos estar em dois lugares num só instante.

Na realidade nunca abraçaremos o mundo do tamanho

que ele é, mas ***podemos abraçá-lo como ele pode ser para nós.*** Podemos inverter a posição, o mundo ficar submetido ao que amamos, ao nosso autêntico *funcionamento.* E aí até ficamos famosos!

Está na hora de entender que:

Ser um saudável humano inclui limites.

Ficar sujeito à velocidade, ao que não está dentro de você e turbina a ansiedade, é auto-atropelamento, é retrocesso; as respostas e recompensas emocionais, sentimentais, sexuais exigem trilhas bastante diferentes das respostas e recompensas financeiras, consumistas, materiais.

Para partir do seu íntimo, do que você ama, é indispensável a compreensão de que a natureza impõe limites, é parte da sublime perfeição das espécies. Ao entender que tempo, espaço e amadurecimento são sagrados, começa-se o domínio interior, fica mais fácil saber aonde se quer chegar.

A limitação ao original universo humano não será algo restrito, estático, rotineiro, uma *mesmice*, desde que haja uso inteligente do tempo e espaço que você possui. Uma planta é diferente da outra, ainda que numa estufa, assim como animais em ninhadas. E nem as águas de um rio que passam agora são cópias das que... *passam agora!*

No percurso do nascimento ao crescimento as espécies fazem ***adaptações*** entre o que são (interior) e o meio em que vivem (circunstâncias). Agem, reagem, buscam o melhor, oscilam entre alegrias e tristezas, risos e lágrimas, assimilam ou provocam mudanças para novas adaptações. Enfim, no vai-vem, no lá e cá da natureza um ponto é certo: partem sempre de dentro de si para o mundo exterior, para o meio e, de acordo com os retornos, buscam adequações, inovam nos ajustes conforme as suas origens, raízes.

É o enriquecedor amadurecimento do EU, do íntimo, da formação da personalidade emocional e racional. Cortar etapas vitais traz retornos duvidosos ou prejudiciais. As plantas precisam de adubo, sol, água, local, terra; os animais têm o cio, migrações nas estações, tempo de reprodução, desmame; o ser humano tem os nove meses de gestação, fases de infância, adolescência, juventude, de adulto, idoso; há um processo de dia a dia e amadurecimento a ser considerado, os atalhos são nocivos, corrosivos... traiçoeiros... E pode ter certeza: os relacionamentos também estão em limites, descarte a ideia de abraçar grupos de pessoas e esperar de todos retornos simpáticos, calorosos. Esteja convencido de que pode ter quantidade de pessoas *seguidoras*, conhecidas, você pode se relacionar com muita gente, sim, porém, pessoas *amigas* serão em número bem menor e *íntimas* muito poucas. Daí, desista de colocar todas numa só lista e reduza a ansiedade por retornos, faz um mal danado...

Ah! Veja que agradável sugestão: *com o afeto, separe os íntimos; com o coração os amigos; com a razão os conhecidos.*

Engano pensar que a natureza é ociosa, conformada, submissa, quieta. Os seus integrantes – nossos irmãos – estão sempre ativos, receptivos e reativos. O pai da química, Antoine Lavoisier, concluiu que na natureza tudo se transforma. Certo, nada é estático, tudo é dinâmico. Há a mágica combinação das quatro estações outono-inverno-primavera-verão, cada qual com o seu papel nutricional no equilíbrio ecológico. O trio animal-vegetal-mineral supera-se em organização, estética, e poderia desfilar numa passarela. Espécies sábias, feias, bonitas, agressivas, mais ou menos flexíveis, cada qual com um comportamento interior e aparência exterior. Diria que na natureza tudo se cria em processo de constante transformação e união.

E assim, no fluxo como uma cadeia de funções e ações espetacularmente interligadas, cada atuação humana irá juntar-se a outra e não ultrapassar ou atropelar a outra. Cada ser se mexe, convive, realiza-se em limitações de espaço e tempo – a limitação é parte do processo natural das espécies. A soma das limitações é que produz eletrizantes processos de criação, tanto que as incríveis invenções sustentáveis surgem do fluxo coletivo e do foco em uma só competência (Na página 163, exemplos de profissionais e gênios).

Logo, saber mergulhar no potencial dos seus limites é o ideal para trabalhar incansavelmente a criatividade, para curtir desejos ilimitadamente! *Você com você!* Mergulho-foco-intensidade-ousadia, sonhos com um pé no chão outro nas nuvens, superar-se com emoções, sensibilidade, prazer – uma erupção vulcânica! Felicidade por ser reconhecido em cima do que pulsa e importa dentro de você.[6]

É fácil chegarmos a essas certezas, a viver o EU?

Não. Se assim fosse teríamos o mundo exterior, a sociedade, lado a lado conosco sem conflitos, cada ser estaria com o manejo de seu entorno. Você poderia até ter um: ***Manual EU – Feliz comigo e com todos.***

Por que é difícil?

O detalhe polêmico é que escapa da vocação natural do ser humano a possibilidade de idealizar fórmulas, de fazer agenda para os sentimentos, para exatamente o que deseja ou o que o emociona, ou, ainda, que consiga comemorar uma paixão dentro de limites, que gaste sem excessos quando sobra dinheiro, que administre matematicamente aspirações de poder ao assumir cargos de chefia, que tenha frieza quando bate a sorte. A nossa tendência é extrapolar, expandir.

O humano é um ser sempre estimulado pela busca de certezas para viver em paz consigo, com os outros, pela vontade de colocar qualidade na vida dentro e fora de si. O músico, Milton Nascimento, canta com o sugestivo título "Caçador de mim"[7].

---

6 Saudoso amigo Flávio Copello dizia: "Vivo dentro do que me basta." Juntava o que lhe dava prazer: era dois em um com a esposa, grudado nos filhos, adorava golfe, idas a Campos de Jordão... fazia o encontro de pessoas e lugares com os seus impulsos e curtia, então, o que lhe bastava para estar bem; criou o seu espaço-felicidade.

7 Trechos da música: "Por tanto amor, por tanta emoção / A vida me fez assim / Doce ou atroz, manso ou feroz / Eu, caçador de mim

Essa caça espalha-se numa floresta de convergências e divergências, num abre-fecha-abre-fecha, a favor-contra; enfim, não existe manual, guia, agenda humana, existe a ilusão da agenda por causa da ilusão do controle.

Essa ausência das certezas pode ser razoável, boa, ruim, provocadora... uma beleza! Ou ***tchum!*** Desastre! Nós, humanos, temos a possibilidade do brilho e da motivação da inteligência, da abundância dos sonhos.

"Nada é tão nosso quanto os nossos sonhos", dizia o filósofo alemão, Friedrich Nietzsche.

Sim, *mein kluger* Nietzsche, mas que agonia! Complicação! Volta e meia somos inteligentes, sonhadores, vamos atrás de algo com humor, ironia, raiva, serenidade, desequilíbrio, compaixão, egoísmo, desprendimento; ficamos ansiosos por um **rumo nos nossos atos e segurança nas consequências.** A briga pelas certezas traz a constante expectativa de "sonhos reais".

Seja a visão de um rumo, horizonte, necessidade de segurança, de *um chão*, estamos permanentemente acesos para "encontrar alguém", à espera de "ficar bom", "aumentar a renda", "ir além", "ter mais disso e daquilo"... Huuummmmmm... e que tal, para ter a visão de um rumo

---

/ Nada a temer / Senão o correr da luta / Nada a fazer / Senão esquecer o medo / Abrir o peito à força / Numa procura / Fugir às armadilhas da mata escura / Longe se vai sonhando demais / Mas onde se chega assim / Vou descobrir o que me faz sentir / Eu, caçador de mim." (Compositores: Sérgio Magrão e Luiz Carlos Sá.)

e ser abraçado pelo clima de segurança, de "sonhos reais", identificar o que move você?

É, **o que move você.** Para ser mais exato: desça de sua mente em linha direta para os impulsos nas profundezas do EU e pergunte:

"O que **me move?**"

Veja bem: superficialmente o que você sente, o que pensa, pode não ser tão difícil de captar, de identificar; o assustador, misterioso, confuso, é *o que o move*! Aqueles impulsos localizados nas profundezas que fazem você *funcionar*, que estão antes da mente e do coração. Mas ficam em que parte do corpo? São feitos de quê? Como se manifestam? Google Maps localiza?

Aí é o mesmo que perguntar "de onde viemos?", "para onde vamos?"... No dia em que descobrirmos, perderemos a graça do doce mistério. Até porque as tentativas de respostas para ambas as perguntas por parte da ciência, religião, seitas, outros estudiosos e curiosos, quando expostas as conclusões, quando levadas a público, tornam-se planetariamente discutíveis.

Vamos lá, temos em nós essa energia enigmática, divina, que ganha forma na mente e no coração, que é transportada 24 horas pelo corpo físico. Pode ser chamada de "alma"? É possível, mas remete à imagem de algo muito distante, flutuante. No Egoísmo Saudável, a palavra "impulso" é ideal por remeter a energia a algo estimulante, que liga, dá partida, de alguma maneira mexe com a gente, belisca, agita, aciona a mente e o coração.

No Egoísmo Saudável, diante das incertezas, nas explosões para criar, expandir ou na jornada caçador de mim, o entendimento dos impulsos traz limites para voar com satisfação, criatividade e destino, acredite!

"Você tem que! Você tem que! Você tem que! Quem disse? Por quê?"

Os impulsos podem ser vistos no lado prático, sensível, como uma energia que indica o nosso autêntico e natural jeito de ser, motivo pelo qual a palavra *move* cai muito bem quando ligada à palavra *funcionamento*. Num primeiro momento, no agora, o por que não vem ao caso; já o exercício de dar espaço e existência total aos impulsos, sim, eles precisam ser a prioridade... (ou voltar a ser a prioridade?!).

Pensar, repensar, sem medo! Qual é, na essência, lá na raiz dos impulsos, o "meu jeito de ser"?

Quais são aqueles impulsos que acontecem sem o seu controle e, então, vão transformar-se em originais desejos, sentimentos, ideias, pensamentos etc.? Impulsos que às vezes chamamos de "sinais do coração", "intuição", "tive uma luz", "uma coisa me diz"? Alô! Alô! Alô! Vamos voltar a dar valor a eles.

Há exemplos muito interessantes aos quais não damos mais a devida atenção. Você fala da reação de alguém ao pedir uma opinião ou fazer um convite: "Pela cara, vi que não gostou, bem, mas ele disse que gostou".

Em milésimos de segundos, os seus impulsos conversaram: vieram à tona na expressão do fulano e você a captou de imediato. Outras expressões:

"Estou cheio de dúvidas, sem horizontes."

Se for aos impulsos, terá o caminho ou sinais.

"Penso nela a todo momento, acho que me apaixonei."

Se for aos impulsos, verá que tem razão: a ligação é forte.

O seu jeito de ser, agir, *funcionar* precisa ter elo com o movimento dos impulsos que brotam no reino abissal, moradia do ***afeto***. Os impulsos trazem a mensagem, o calor, a presença do afeto, o detonador, disparador dos sinais com o toque da sensibilidade, com calor das emoções e sentimentos. Use o Waze que nasce com você, acredite nele!

A principal atitude para semear-adubar-regar os impulsos afetivos: ***coragem***.

A palavra é de especial valor, porém é usada de modo comum e é, inclusive, intimidadora; sentimo-nos pressionados quando ouvimos: "Você tem que ter coragem!"; "Tem que assumir, ter personalidade!"; "Tem que ser forte!"

Não... não... não é bem assim... nesse "*Você tem que! Tem que! Tem que!*" você dá a partida com ímpeto, empurrado pelas palavras dos outros e, inúmeras vezes, o endereço é a frustração; os arrependimentos serão efeitos de atitudes tomadas pelas influências. Tamanha disposição, intensidade do "*Você tem que! Tem que! Tem que!*" poderão fazer com que os seus verdadeiros impulsos sejam inundados em vez de regados; podados em vez de cultivados.

Com coragem, audácia, procurar entender o que move antes de tomar atitude para soluções, retornos, respostas, até porque a saída pode estar no tempo, no amadurecimento da reflexão sobre o impulso, e não exatamente na aceitação de ações pela pressão do "*Você tem que! Tem que! Tem que!*" (Mídias sempre lotadas de mensagens "*Você tem que!*")

A coragem consciente é aquela que está na vontade de entender de fato, sem medo, o que se passa no impulso afetivo que o move para seu real jeito de ser. A atitude para estabilidade começará a florescer a partir desse cultivo e busca. Você descobrirá questões bem legais:

- Por que devo dar atenção aos impulsos?

- Não preciso ficar na insanidade de procurar saber tudo sobre mim mesmo/a, concentrar-me no que me move pode ser suficiente. Daqui a pouco a vida passa e o meu EU... fica...

- Certos impulsos que parecem autênticos estão presos a acontecimentos mortos ou pessoas hoje inexpressivas para mim – "já tiveram a sua fase" e, daí, são impulsos ativados pelo mundo exterior, pelo "você tem que" e não pelo que me move no meu íntimo.

Observe também que ao entender os impulsos você poderá avaliar tendências, pretensões que nem eram tão importantes; ou, quem sabe, pelo contrário, extremamente importantes e mal avaliadas.

Aprender com os erros, com os problemas engrandece, mas a sabedoria é tirar as conclusões, despachar o imprestável, fugir de acontecimentos e pessoas que possam trazer de volta o que perdeu expressão, propósito, que só servirão para desviá-lo dos seus impulsos e objetivos.

Breve comentário:

Este autor, numa ocasião antes da Era Digital, por tanto gostar de pensar, observar, refletir, debater, viver relacionamentos, ficou cansado de si; é, "*eu fiquei cansado de mim!*". Lembrei, então, do livro de memórias *Le Petit Pierre*, do escritor Anatole France, onde ele registra: "Tenho ***me*** frequentado o menos possível."

Ele começou a considerar que a exagerada procura pelo autoconhecimento iria atingir um clima de excessivas divagações, preocupações; um clima de perturbações e não a desejada tranquilidade e visão de horizontes.

O meu estado coincidia com o desabafo de Anatole France. Cansado de tanta ebulição mental, fiz o mergulho com muita disposição:

"Eu vou brigar comigo e vou ganhar!"

Parti para dentro dos meus impulsos, puxei! puxei! puxei! relações com pessoas, reações, fatos presentes, antigos, ambientes, ideias para amanhã, enfim, filtrei, fechei ciclos, abri outros, joguei fora o que não mexia no meu EU. E aí, o que foi o aprendizado **marcante** nessa atitude de Egoísmo Saudável?

- Em definitivo, ***fechar ciclos*** com pessoas, ideias e hábitos presos à teimosia, vaidade e sociedade; abrir novos ciclos com desprendimento, desapego e ligações diretas com o meu íntimo. Ei, poeta Pablo Neruda, acabo de lembrar de você ao chamar as pessoas para o brilho da própria vida: "Morre lentamente quem não encontra graça em si mesmo, morre lentamente quem se torna escravo dos hábitos."

- Fugir?! Sim, repito, fugir do que perde para mim a razão e a emoção. Enfrentar? Lutar? Resolver? Não. Tchau! Fui! Algo como: quem morreu, morreu, diminuí recordações na casa e mantive a carinhosa recordação; casamento esfriou, depois gelou... separação; bateu a idade e o corpo impedia manter a habilidade no futebol, o que rolar na pelada, rolou; preocupação financeira com o futuro? Seguros e dinheiro aplicado com rendimento na qualidade de vida.

Nessa linha de fechar ciclos e fugir, adaptar as solicitações externas aos meus impulsos, dizer mais vezes a palavra *não* para mim, para os outros e para enrolações do cotidiano foi o fermento jogado no egoísmo para crescer saudavelmente.

Parei de carregar minha memória e meus ambientes de tralhas – materiais ou sentimentais –, de permitir acontecimentos e climas corrosivos. Enriqueci o meu EU com prioridade para os impulsos e, é claro, mantido respeito pelas circunstâncias.

Ganhei a briga comigo; aliviado, voltei a me frequentar... *tchan*!

É a diferença entre a coragem ***comum*** para ver, tomar atitude e ter algum caminho, e a coragem ***consciente*** para ir até os impulsos, entendê-los e enxergar caminhos bem identificados com o EU.

Não que as conclusões virão a ser depois *padronizadamente* colocadas em todas situações – afinal, a vida é um eterno e solto fluxo –, mas servirão de parâmetros ou limites para novos momentos, reflexões, pensamentos; você terá referências, indicações *inteirinhas suas* no seu mundo social, nas aflições e sonhos! Terá a segurança de que age com seu jeito de ser, de se conduzir, certo ou errado, vitorioso ou derrotado, tranquilo ou preocupado; enfim, experiência consistente.

Muito próxima do "*Você tem que! Tem que! Tem que!*" é a mania de *agir já*! porque "*a vida é agora! Agora! Agora!*" e, portanto, vamos todos viver o presente porque o passado não volta e o futuro é mistério, pertence a Deus. Perfeito, eletrizante, sensacional e motivacional! Pense assim, só que de olho nos impulsos. Tocar o presente de modo atabalhoado vai levar você para um amanhã desgastante, talvez sem saída: dever favor porque gastou tudo, casamento mal terminado, obesidade ou barriguinha desproporcional por causa da ansiedade, da agonia pelo presente, por achar que "jamais pode deixar para amanhã o que pode fazer hoje".

Alô, o "hoje" e o "agora" continuam; se hoje é dia 2, amanhã é dia 3, depois dia 4... e não dependem só de você, há reflexos, retornos, trocas, efeitos, e você está longe de ser o centro da Terra. Que tal lembrar-se de casos em que tolas precipitações levaram a amargas consequências? Pare e pense. Ah! Uma boa pergunta: "Como deixar de pensar no futuro se é nele que vou morar?", brinca a sério o cineasta Woody Allen.

Existe muita falação, amontoado diário de mensagens do "você tem" e do "agora"... espere, o que serviu para os outros tem que ser praticado por você? Aqueles que tanto o motivam com as mensagens, quem são eles exatamente? Como *funcionam*? Qual estado emocional? Quais interesses? Qual região eles habitam? Quais as condições, as circunstâncias?

Escute o que lhe falam, observe, avalie o que chega a você de mil fontes e faça conexão com os seus impulsos; aí sim, o "você tem", o "agora", o "não deixar para amanhã" vão ter a sua cara sob estímulo da razão e do coração. Bote óculos!  Olhe para você antes de abrir mensagens! Faça o mergulho nas suas profundezas e, de volta à superfície, de repente comentará que desconhecia que o fim de uma interrogação, de uma ansiedade estavam tão perto de você, acessíveis. E realmente estavam era longe; você é que, ***no corajoso mergulho, trouxe o que vibrava nos seus impulsos e fez a identificação com as necessidades exteriores***!

Foi ao afeto, à raiz, detectou ali a relação com as pessoas, fatos, tendências, enfim, com a expressão das influências e dos personagens do mundo exterior, e colocou todos eles dentro do que você afetiva e efetivamente sentia e desejava. E aí, com o fim da interrogação, agiu, tocou para frente, arquivou, compartilhou, assumiu, recuou... você ficou pronto para decidir com direito e liberdade para adotar a postura que achar a melhor. É o primeiro passo para praticar o Egoísmo Saudável.

Caminho longo, curto ou médio; fácil, complexo ou administrável; prazeroso ou pesado; "vou errar", "vou acertar"... importa é entender ***o que move você*** e seguir em frente; a vida começará a dar respostas às suas certezas, convicções, é uma fantástica costura de recompensas, de prêmios. Swami Vivekananda, fundador da Ordem Ramakrishna, líder na introdução da Vedanta e da Yoga no Ocidente, orienta:

"Nossos pensamentos, nossas palavras, nossos atos são fios de uma rede que tecemos ao redor de nós mesmos."

Com a rede você planta, cultiva o que chamo de *Árvore Genealógica EU* – a evolução da sua história, das conexões com pessoas, do amadurecimento do seu conceito pelo tempo de idade. Os frutos são o que saiu da sua raiz, biblicamente, o que semeou, plantou e, então, irá colher. O segredo não está na vitória, no colher, estes são frutos; está no semear, onde as sementes são os impulsos localizados no seu íntimo, impulsos que irá conciliar com atitudes e o mundo exterior.

Os frutos da árvore dependem do seu desprendimento individual e da demonstração de vontade de viver, coletivamente. Você cultiva a autoconfiança, as pessoas acreditam em você, o tempo retribui em frondosa Árvore Genealógica Familiar, Social e Profissional. É fácil plantar essa árvore? Depende do jeito da pessoa, das circunstâncias, fatores paralelos; porém, seja quem for, importante é considerar como imprescindíveis o tempo e a autoconfiança.

Junto com sua evolução interior os amadurecidos frutos serão o seu conceito, como os outros irão ver você, como se comportarão diante de você; serão a vontade de alguém estar ao seu lado, o que virá a desdobrar-se com suas reações e atitudes na sociedade. Com o tempo, vem o delicioso respeito, a alegria de ser positivamente lembrado como referência... Você tem ***retornos dos frutos e da dimensão da sua árvore*** ao ouvir frases como:

"É uma pessoa com quem podemos contar, adoro estar com ela."

"Naquela família nem tudo é ruim, tem lá o fulano que é confiável."

"Não esqueça jamais de convidar a fulana para nossa festa!"

"Fiz a indicação do seu trabalho para um amigo dono de rede de lojas."

"Ele parece vinho, anos passam e melhor fica..."

Conforme ficam bonitos os frutos do conceito lá dentro, você é abraçado, motivado para acordar e deitar de bem... com você! Gosta mais de você porque atendeu aos próprios impulsos, ao afeto; transmitiu energia sincera e positiva, os outros sentiram e devolveram-lhe em carinho, empatia e motivação. Esse fluxo é o ***composto energético*** contra inúmeros males, entre eles o monstrinho Solidão, que divide espaço nas quatro paredes do quarto e do banheiro com a irmãzinha Depressão.

No filme *Adaptação* a personagem diz que "mudanças acontecem, chegam quando você menos espera, não precisa provocá-las"[8].

Sem dúvida, e para os inevitáveis "de repente" terem menos impacto no seu dia a dia, que tal uma forma de conduzir o seu *funcionamento*?

Determinadas certezas, escolhas, posturas e limites irão fazer com que você amadureça em personalidade diante de qualquer fato, sem perda do autocontrole. Inclusive, nessa caminhada de autoconhecimento e nas relações com os outros o que muitas vezes você chama de "sorte" é efeito do que plantou, do campo de atração que gerou em torno de si pelos pensamentos, atos e palavras. Esta mensagem serve de espelho: "O tempo empresta as suas páginas, e nós, aos poucos, fazemos nossas escolhas e elas escrevem nossa história."

No filme *Trem noturno para Lisboa* o principal personagem (ator Jeremy Irons) está com um desconhecido livro nas mãos, que o faz relembrar das atitudes no percurso pela vida. Começa a refletir a partir do que chama de "*gravações* na memória, no coração, e relacionamentos". Na metade, desco-

---

8 Refrão da música *Roda viva*, de Chico Buarque: "A gente quer ter voz ativa / No nosso destino mandar / Mas eis que chega a roda-viva / E carrega o destino pra lá".

bre que o livro poderia ser... ele! Páginas com narrativas de histórias e escolhas que fizeram a vida do personagem.

"A vida recompensa as ações." Ao fazer tal afirmação, com base nos longos anos de experiência e fama, o psiquiatra Philippe McGraw, amarra as quatro citações:

"Ame a si mesmo sobre todas as coisas."

"Se eu não posso ter o mundo inteiro, farei do meu mundo o melhor dos mundos."

"Nossos pensamentos, nossas palavras, nossos atos são fios de uma rede que tecemos ao redor de nós mesmos."

"Gravações na memória, no coração, e relacionamentos."

Leitor/a, pare um pouquinho a leitura e converse consigo sobre estes últimos parágrafos que terminou de ler; seguramente, enriquecerá as relações com seus impulsos.

Se tratar como "fácil" a criação desse clima de recompensas dentro de você, desse jeito de ser, o mesmo ficará cada vez mais longe; se tratar a partir de fórmulas autoajuda, ficará artificial; se relaxar, vai dar cadeira para a angústia e, dela, à depressão. Qualquer tentativa de atalho é contrariar a natureza afetiva que emana e torna você humano. Identificar, respeitar impulsos originais e saber conduzi-los é o ideal e prazeroso; permitir que o tempo cumpra o seu papel é o combustível *premium*: limpa impurezas, desentope canais, melhora desempenho.

Existem bola esticada, cabelo esticado, prazo esticado; porém a felicidade esticada só vai existir se *o que a trouxe for mais bem entendido na sua decisão em mantê-la.* O ex-presidente dos Estados Unidos, Abraham Lincoln, enfatizava em reuniões com a família: "Somos originalmente felizes. Ao acordar, todo dia decido ser feliz. Sei que os desafios me aguardam, só que a minha decisão é ser feliz."

E pronto! Que assim seja você com essa decisão e a consciência de que os desafios trarão resultados diversos. De forma alguma com a ideia de que tal postura trará felicidade fixa, regular. Jogue fora de vez a fantasia de duradoura felicidade por 0800, mensagens, presentes, caras e bocas entre amigos e parentes. Não existe felicidade bebida apenas em uma fonte, hidratada só pelo seu "eu", ela virá de um chafariz de potáveis fatos-sentimentos-empatias entre pessoas. Situações que, na sua atuação na trajetória da vida, irão gerar recompensas de estima, orgulho, bem-estar, espírito eufórico: você vai plantar a sua *Árvore Genealógica EU* com belos frutos!!! 

24 horas no ar, quem aguenta?

O mundo exterior, a sociedade, principalmente, é preocupante como adversária ou incentivadora como parceira; seja de forma negativa ou produtiva, ela interfere com impactos cada vez mais incisivos, estonteantes.

Hoje, a sociedade tem novos aliados para influenciar você a favor ou contra. O aliado que faz a diferença pela sua elevada potência é a tecnologia digital com suas vigorosas máquinas, programas e aplicativos criados pela ciência e por empresas. A favor ou contra, com facilidade tira você do seu eixo, tira você de você e, inúmeras vezes, sem nenhum contato físico, mas virtualmente!

Vinte e quatro horas por dia há tempestade de imagens, fotos, textos, mensagens e vídeos em celulares e informática em geral. Veja os dados de pesquisa em junho de 2014 das empresas Amdocs e Heavy Reading – EUA: a cada 60 segundos, no Planeta Terra, 168 milhões de *e-mails* são enviados, 600 novos vídeos são postados no YouTube, 510 comentários são registrados no Facebook, 6,6 mil fotos são baixadas no Flickr, 98 mil *tweets* são transmitidos e 370 mil telefonemas são feitos pelo Skype.

Para engrossar essa pesquisa, apenas na Copa do Mundo no Brasil e no mesmo ano, uma mensagem boboca do jogador afro-italiano Balotelli sobre possível classificação do seu time, gerou 3,2 milhões de *tweets*. Só na primeira semana da Copa, informou o *The Wall Street Journal*, o Facebook registrou que 141 milhões de usuários postaram 459 milhões de interações e o Twitter 12,2 milhões de mensagens durante os 90 minutos do jogo Brasil x Croácia.

Em 2016, somente dois anos depois, impulsionado pelos novos aliados WhatsApp e Snapchat, o uso de telefone celular nos 17 dias dos Jogos Olímpicos no Brasil chegou a ser 10 vezes maior que o registrado nos 31 dias da Copa do Mundo dois anos antes. Ainda nos Jogos Olímpicos, as redes das cinco principais operadoras de telefonia celular registraram envio ou recebimento de 486 milhões de fotos durante os Jogos.

Em 1994, quando a internet deu início à sua integração na vida das pessoas, havia pouco mais de 3 mil páginas disponíveis para pesquisas. Em 2014, esse número estava acima de 1 bilhão.

Os saltos dos dados de 2014 para agora viabilizam imaginar os temporais sem intervalo de imagens, fotos, textos, mensagens e vídeos com variações sucessivas, ilimitadas. Cada informação, inclusive, gera no mínimo uma reação, ou cada informação produz inúmeros compartilhamentos que se desdobram em tantos outros compartilhamentos, numa larga cadeia infinita. Processo viral, uma epidemia! Contaminação planetária! Exemplos estão nas mãos das pessoas em cada toque ou *enter*.

Qualquer estatística fica ultrapassada em tempo recorde. Quando citamos alcances de mídias e redes sociais, corremos sempre o risco de errar: é aconselhável, em vez de falar "*hoje* o WhatsApp atingiu 1 bilhão de usuários", comentar que "neste instante, minuto e segundo, o WhatsApp acaba de passar de 1 bilhão de usuários; o Snapchat, de 150 milhões; Facebook, perto de 2 bilhões; Instagram, em torno de 700 milhões; mais de 3 bilhões de seres humanos têm acesso à internet". Galáxias de algoritmos em cima de multidões! QUEM AGUENTA?

Os humanos de todas as raças, idades, regiões estão nas nuvens e na *nuvem*[9], numa existência em que trocam o real pelo

---

9 O conceito de *computação em nuvem* (em inglês, *cloud computing*) refere-se à utilização da *memória* e das capacidades de armazenamento e cálculo de *computadores* e *servidores* compartilhados e interligados por meio da internet. O armazenamento de dados é feito em serviços que poderão ser acessados de qualquer lugar do mundo, a qualquer hora, não havendo necessidade de instalação de ***programas*** nem de armazenar dados. O acesso a programas, serviços e

virtual através de bilhões de aparelhos portáteis, em interconexões infinitas e ligeiras. Essa tecnologia, em contexto inédito, traz acessos, alternativas e soluções imediatas para necessidades, dúvidas, desejos, metas que antes eram difíceis, demoradas; impossíveis, inimagináveis para grande parte dos terrestres.

Três irresistíveis seduções da tecnologia digital:

1. *Produzir e dar acesso para soluções em* ***qualidade*** *e* ***quantidade*** *a* ***todas*** *faixas etárias e de renda.*

2. *Garantir retornos e resultados nas mãos da* ***própria*** *pessoa ou coletivamente,* ***qualquer local*** *e* ***sem fronteiras.***

3. *Em* ***pacote completo,*** *corresponder ao que faz – e fazia – parte da expectativa humana.*

Por que bilhões de habitantes do planeta agarrados aos celulares e outros equipamentos? Por que tamanha dependência e encanto? Será que ninguém tem o que fazer ou será que só se faz com a tecnologia?

Simples: a fascinante tecnologia aperfeiçoa os hábitos comuns pessoais, resolve problemas, aciona urgências, realiza sonhos de acessos, facilita o trabalho particular ou na empresa, pesquisa meios para inúmeras pendências (saú-

---

arquivos é remoto, através da internet – daí a alusão à *nuvem*. O uso desse modelo (ambiente) é mais viável do que o uso de unidades e instalações físicas. (Fonte: Wikipedia) de, viagens, trajetos, diversão, aniversários, pagamentos e compras em geral etc.), amplia e intensifica relacionamentos. Enfim, minuto a minuto as pessoas vão além da imaginação e das expectativas a partir das próprias mãos.

Basta pensar nos hábitos, nos prazeres dos humanos com fotos (toda casa tem porta-retratos); filmes, *shows*, jogos; excitação por saber da vida dos outros, o que têm feito, o que tem acontecido, matar saudades; por saber de notícias no entorno, na região, no país; busca de informações sobre saúde, utilidade pública como transporte, hospitais, polícia; procura por produtos e preços, quem e o que vende e qual dá mais vantagem; espaços para debates, ideias, política; interesse pelo que fazem os governantes e instituições; local para encontrar emprego, para se divertir sozinho, em família, grupos, a dois; fontes para estudos e conhecimento; namoros, casamentos e encontros sexuais; localizações e mapas em deslocamentos e viagens. E assim por aí vai.

Internet é o mundo público, privado e íntimo aos olhos da pessoa, onde ela estiver; celulares, *smartphones*, *tablets*, aparelhos domésticos com desempenhos interativos; rede de fibra óptica em celeridade indescritível; ensino virtual é a aula em qualquer canto da Terra; o almoço completo num giro do microondas; desfile na Europa com a coleção na vitrine de loja de roupas em menos de dois dias; agência inteira na mão do cliente como um banco portátil; robôs conselheiros que recomendam investimentos; empresa com décadas de fundação pode hoje ter concorrentes como se tivessem a mesma tradição; tevês com centenas de canais e telas quase reais; igrejas com operadoras de telefonia para levar Deus aos milhões de fiéis por celular; impressoras 3D produzem peças de mil tipos em tempo recorde. E nesse embalo alucinante, se a pessoa não quiser sair do seu lugar, nem precisa, tem acesso a tudo e tudo chega até ela – estão aí prédios e casas inteligentes.

E as *selfies*!? As *selfies*!? Que espetáculo para o culto à vaidade, você bem na foto individual ou com a turma, pode disparar à vontade, e *likes!likes!likes!* Na rede, milhões de postagens-dias e *zapzapzapzapzapzapzapzapzapzap!*

Ih! No pique de tantas atrações, como esquecer dos fantásticos jogos e joguinhos, os *games*: último campeonato mundial mobilizou 100 milhões de adolescentes e jovens, a final foi assistida por 43 milhões. Público de 214 milhões assistem *e-sports* no mundo *high frequency*.

É a Era do tudo-pronto, fácil-bonito-gostoso-colorido-plástico-visual-musical-confortável! Tudo leve! Assistimos a um pirotécnico espetáculo da Terra. Nossos neurotransmissores responsáveis pelas sensações de bem-estar, de prazer como a dopamina, entram em êxtase. Da criança ao idoso, a compulsão, a dependência é um estado irrefreável, virou vício!

Embevecida, eufórica, a sociedade continua desatenta, displicente quanto aos danos colaterais no poder da criação, na genialidade do homem: "Cadê o celular?"; "Oh! a internet caiu!", dois desesperos pela contaminação e condicionamento. **Virtual assumiu o controle do real.**

E as nossas próprias escolhas? O EU de cada um? Cadê?!

Sorrateiramente, a tecnologia já com inteligência artificial *robotiza* as pessoas, estamos automáticos numa existência à distância e mesmo quando fisicamente próximos; vivemos por atalhos, sem nossas bem gozadas, transadas e curtidas histórias. Da criança ao idoso, castigo é tirar, perder o celular: o filho (7 anos) de um amigo esqueceu o aparelho na sala de aula na sexta-feira, o que levou o guri a iniciar uma dramática novela pela falta do celular, que só teve último capítulo na segunda-feira. Sábado e domingo de pressões para o pai resolver o problema, o que gerou neste a profunda tristeza pela troca que o filho fez do seu afeto sincero por um objeto.

Outro castigo é dizer que sintomas de doenças têm origem no celular: um pai fez longo percurso com a filha (25 anos) por causa de estranhas dores num dos olhos, nos braços e na cabeça acompanhadas de queda de cabelos. Após consultas em caros especialistas e exames em equipamentos *hi-tech*, nenhuma anomalia, apenas o diagnóstico dos males causados pelo exagerado uso de *smartphone*. Bom, aí veio o outro percurso: a filha aceitar que a sublime devoção pelo aparelho ultrapassou limites e que ela precisaria cuidar do vício.

Universidades estão repletas de pesquisas – das básicas às científicas – sobre tecnologia digital e alterações comportamentais, psicológicas e fisiológicas. Lucy L. Brown, PhD, neurocientista do *Einstein College of Medicine* – Nova York, é autora de esclarecedores estudos sobre os estímulos centrais do cérebro, aqueles com presença fixa no nosso cotidiano:

1. Comida. 2. Dinheiro. 3. Sexo.

Considera Lucy Brown que são "três obrigações constantes que precisamos atender por comando e pressão dos neurotransmissores".

Hoje, pode-se dizer que, pela forma como dá prazer, pelo grau de dependência, temos a quarta obrigação nessa mesma pressão:

4. Tecnologia digital.

É a nova componente dos estímulos centrais do cérebro. Pesquisa no exterior revela: 94% dos jovens entre 16 e 22 anos preferem ficar sem transar do que abrir mão do celular (www.consumoteca.com.br), o que coincide com o capítulo 7 – Falência do tesão.

Mas, atenção! Observe! Olá, você continua humano! Sinta um beliscão aí: *Você continua humano!*

Sim, nós continuamos humanos e aí, na nossa raiz, o afeto fecha a cara para os impactos do mundo exterior, da sociedade e seus aliados guerreiros digitais, virtuais, dotados agora de brilhante inteligência artificial, que invade espaços da inteligência natural!

Afinal, como que essa tempestade tecnológica invade a sua vida, a mente, seu coração, e abala, *des-virtua* quem você realmente é?

CAPÍTULO 2

"A questão é o que você ama,
e não quem ama você."

"Mudanças acontecem,
chegam quando
você menos espera,
não precisa provocá-las."

Ambientes para pensar e desenhar dimensões para a sua vida

Podemos entrar no túnel do tempo com a clássica questão levantada pelo dramaturgo William Shakespeare, na famosa peça teatral *Hamlet*, de 1603: "Ser ou não ser, eis a questão".

Filho do rei, que morre misteriosamente, Hamlet vê-se envolvido por diversos fatos no reino e entra em crise existencial. Alterações comportamentais na corte acontecem, por mais que tente freá-las ou administrá-las. Passa a viver turbilhão de dúvidas sobre quem é quem, quem ele ama, o que efetivamente deve fazer para não se frustrar, para sentir-se seguro. Avassaladora aflição invade Hamlet, que transita de um lado para o outro pelo castelo em espaço físico e geograficamente restrito.

Ele seria hoje um fraco exemplo para nossa briga existencial mundo interior x mundo exterior, se consideradas as condições de convivência naquele século, com baixo número de habitantes em torno apenas de um castelo, meios para relações sociais todos artesanais e estrutura de precariedade generalizada perto do que viria a ser a urbanização nos séculos posteriores.

O que faz de Hamlet um viável exemplo está na sensibilidade de Shakespeare em ir às profundezas para mover, cutucar, circular pelos meandros humanos. Numa tragédia restrita a castelo com espaço mínimo, o autor cria no personagem Hamlet embaraços familiares, pessoais, existenciais, sociais, políticos, e traz à tona os essenciais labirintos: Permaneço com o meu pensamento, como EU sou? Aceito tudo e assumo? Recuso e fico quieto? Denuncio? O que os outros dirão de mim? O que vão falar os meus familiares e amigos? Escuto a minha mãe? O que pensará, lá em cima, o meu pai? Faço concessões às pressões da sociedade? Mantenho o meu idealismo?

Hamlet é o labirinto da nossa espécie.

Prosseguir, parar ou apenas manter? Mudar, mas como? Estou bem? Estou mal? Quem é quem? A favor ou contra? Apoio, fico em silêncio ou repudio?

O detalhe, a significativa diferença do ambiente de Hamlet para os dias de hoje está no acelerado avanço do desenvolvimento exterior em cima do interior. Na origem, na essência das pessoas, as questões são iguais.

A luta interior-exterior nas correntes sanguíneas, psicológicas, nas sacudidas ou oscilações do coração, vem desde os primórdios, certamente, quando o ser humano sentiu a presença da inteligência, do uso dos seus recursos, da habilidade para ter poder pela primeira vez, ter o possessivo sabor do "eu quero", "eu posso", "sou poderoso!".

Mundo exterior? Mundo exterior? Mundo exterior? Exatamente, como ele entra e tem o seu papel na necessidade de praticar o Egoísmo Saudável?

Huummmmm... vamos lá, nada mal repensarmos um pouco os nossos primeiros passos.

O ser humano nasce e, ainda bebê, quando começa a mostrar a identificação com o entorno, com o que vê, sente, respira, já começa também a ser animado por suas sensações, seus estímulos e o que acontece à sua volta. Nessa fase ele vive o mínimo da sua condição humana (interior) e social (exterior). Mesmo assim, dá os primeiros sinais de que precisa resolver suas carências, seus desejos, e apresenta os impulsos da intuição[10], da sua capacidade para entender de alguma forma o que se passa.

Ele sente um "buraquinho no meio do corpo que o incomoda", chora, vem a mãe para amamentá-lo e resolver aquele incômodo. Daí a horas, repete-se a cena, e o choro funciona.

Crescidinho, aumenta o choro para ganhar mais – faz birra, pirraça. Adiante, já na soma da intuição com a inteligência, espalha a pirraça para sensibilizar os outros – principalmente avós – com relação aos seus desejos e interesses.

E assim, ainda no início da sua existência, o ser humano tem duas práticas que fazem parte da prioridade da raça:

---

10 Alguém definiu: "Intuição é quando você dá um pulinho ali fora, sente e volta rapidinho para dentro de você."

- *Combater dor e ter prazer.* Fome e leite da mãe.

- *Conquista e poder.* Ter êxito, ser o vencedor nos contatos com seu entorno, com o social; ser o vencedor ao ter as intuições, ideias, ao fazer tentativas na relação interior-exterior. Do poder, na evolução, brotam a vaidade, o querer apoderar-se de pessoas, coisas, e ocupar espaços para alimentar o seu EU, o ego. Vem o deslocamento, a expansão do que você verdadeiramente precisa no seu interior para aquilo que o/a faz ser, cada vez, referência como alguém acima dos outros, seja em pensamentos, atitudes, opiniões, consumo, sexo, dinheiro... o eu ilimitado – o ego atropela o raciocínio da razão e a terna essência coração.

Bem, após essas observações, o foco central é que a Era Digital superaqueceu a relação como parceira do mundo exterior. Abriu todos os acessos, forneceu ferramentas para que as pessoas "resolvessem" dores, dificuldades, pulassem obstáculos; "crescessem" na motivação por resultados, sucesso, soluções, poder. Algo mágico: você digita, passa o dedinho na tela, dá ordens por voz, e soluções acontecem através de uma fascinante, eficientíssima tecnologia. Aparelho digital na mão é o martelo Mjolnir, do deus Thor:  Eu tenho a FOOOOOOORÇA!!!"

Inclusive, todas as instituições que estabelecem, que integram pessoas nos convívios sociais, tiveram que se adaptar ao martelo do novo milênio (abordagem no Capítulo 3).

O que mais faltaria ao ser humano nos objetivos que estão dentro dele desde bebê?

Faltaria entender, corresponder ou então ***resgatar***, voltar a entender e corresponder (depende da idade e personalidade) ao que o move na sua essência – o afeto. A divina energia que mora nas profundezas, como se fosse a bateria de um celular: fica oculta, mas é a fonte ativadora do ser humano, tem que ser recarregada sempre!

Exceto as obrigações físicas para sobrevivência (comer, trabalhar, dormir etc), no afeto está a **raiz** do *amor* – impulsos que indicam o singelo gostar de alguém, de algo e de sentir-se querido; do *orgulho* – a boa vaidade pelas conquistas e reconhecimentos; da *felicidade* – o encontro do amor e orgulho com as soluções de sobrevivência, bem-estar e materiais em geral.

Para o que é *material* o mundo exterior digital traz respostas rápidas; acabam as "dores", sente-se prazer, conforto, alívio; se a pessoa quiser, resolve grande parte da agenda do dia na cama, até carro sem motorista poderá ser pedido em breve por internet. A pessoa fica com o ego nas alturas.

Para o que é *existencial*, comportamental, a cena muda, o agressivo mundo exterior digital invade o que encontra de gente pela frente. A tecnologia funciona por pequenas trilhas, excessos de praticidade, de fixação física dos usuários, de resultados falsos-verdadeiros, superficiais-totais, de tentativas de impedir erros e gerar acertos imediatos. Por consequência a mente reclama, o coração sofre, corpo fica sedentário, flácido, vira fonte de gordurinhas e... o afeto, tristinho. Tudo porque o nosso íntimo exige calor, carinho, percursos, amadurecimento.

O ser humano como parte da natureza tem, dentro de si, necessidades vitais de sobrevivência. Precisa ter família, casa, comida e segurança em geral. Nas civilizações láááááááááá do passado, até que conseguisse progredir em relação às necessidades, inúmeros focos de guerras e guerrilhas espalhadas pelo planeta. Tudo por causa do básico *kit* sobrevivência:

Local com fértil terreno, árvores e rio (alimento e abrigo); preservação da família (afeto); um líder – cacique, comandante, general... (proteção e segurança física); um místico – pajé, monge, padre, pastor... (proteção espiritual); entendido em enfermidades – curandeiro, farmacêutico, médico (saúde).

Precisava cuidar do básico para si e família para continuar a existir; assim como numa planta ou num animal era o instinto da sobrevivência. Nascia com natural egoísmo – repito, natural egoísmo –, cada pessoa nas suas condições, recursos e habilidades precisava tratar dos seus interesses vitais em primeiro lugar porque, é óbvio, como manter-se em pé e inteiro sem aquele *kit* sobrevivência?

Há plantas e animais mais agressivos, outros menos; uns tranquilos, outros sensíveis; de qualquer forma, permanecem em ***certos limites*** para saciar as necessidades, e nesses limites permanecem depois de saciadas.

Já o ser humano, pelo dom da inteligência diferenciada, pelo sucesso nas lutas pela sobrevivência, ir além começou a existir tão fluentemente quanto atender ao básico. Passou a se sentir orgulhoso pelos avanços, envaidecido, cheio de si, a adorar a si mesmo. Veio, então, com os avanços, a figura complicadora: gostar em excesso! Sobreviver, crescer e ocupar restritos espaços numa comportada vida em comunidade passou a ser pouco para ele.

Deu início à sua própria expansão, ao "querer mais" sem limites. Num determinado ponto, espetacular! Nota 10! Ficou ousado, veio o ímpeto por melhores condições de vida, superação! Progresso! Desenvolvimento! Porém, por outro lado, o gostar de si em excesso cresceu como voracidade pelo poder, produção de alta taxa de vaidade na paixão pelo EU (incontido narcisismo). Diferente das plantas e animais, adorou ir – muito – além dos limites. *Ins*piração-*as*piração-*trans*piração em êxitos que perfumaram a incansável vaidade, incendiaram o desejo pela possessão – piração!

Deu a partida para o desejo de ganhar territórios, invadir espaços, ter para si sem pensar nos outros; comandar, ditar, abrir domínios de acordo com os lugares de frequência: ser o dono, o centro das relações na família, entre amigos, na profissão, política, igreja, cidade, esporte, na vizinhança etc.

Tchan!!! Eis que entra em cena o trio que viria a ser o nó do humano individual e coletivo: Individualismo-vaidade-poder.

Stanley Kubrick faz notável ilustração desse momento na abertura do filme *2001: uma odisseia no espaço*. Nos primórdios, Era Paleolítica, cena de macacos em grupo. Ao usar um pedaço de pau (clava), instintivamente macaco mata o outro na briga por comida, e percebe que, dali, com aquela arma teria condições de expandir, pegar a comida dos outros, possuir controle sobre o que existia à volta.

Com a sua clava sente-se acima do grupo, influente, "dono da situação". Conforme avança nas conquistas de espaços fica voltado para o mundo externo num processo de deslocamento do seu interior, é puxado pelos desejos de vaidade e poder. A vontade dominadora faz com que tenha ambição de "marcar território" aqui, ali e acolá, de tornar os grupos de símios submissos a ele.

Nessas ações instantâneas, naturais, nos atos do macaco e repercussões mostradas no filme, pode-se ilustrar o nascimento das relações humanas (interiores) e sociais (exteriores) nos mais diversos aspectos e complexidades.[11]

A disparada da inteligência, os exageros para satisfazer as pessoais obrigações e os desejos de poder deram início ao desequilíbrio e a dificuldades para qualquer possibilidade de convivência estável na raça.

Adiante na história da humanidade surgiram, então, as instituições sociais para estabelecer o clima de coletividade, o equilíbrio nas relações, para facilitar novos desenvolvimentos individuais e em grupo. Vieram regras para existência em comunidades e cidades através de instituições ligadas à proteção (justiça e polícia), moradia (família), ren-

---

11 No fim do filme *2001: uma odisseia no espaço*, já nas viagens para fora da Terra devido à evolução tecnológica, os humanos são vítimas dos seus excessos: o computador HAL 9000, fabricado com inteligência artificial, impõe condições de trabalho para a tripulação e provoca enorme confusão.

da (empresas), cidadania e conhecimento (educação e saúde), espiritualidade (religião), entre outras. *Kit* sobrevivência totalmente em outro patamar.

Instituições passaram a estabelecer, a regular as relações entre os humanos "pelo bem da coletividade e respeito ao próximo"; a impedir – ou inibir – a lei do mais forte. Um pacto social para manter-se, ou ter meios para manter a sociedade com base na paz e preservação dos direitos de cada pessoa, no caso, já considerada como cidadão ou cidadã.

Deva Nishok, fundador e coordenador do Metamorfose – Centro Terapêutico de Desenvolvimento da Sexualidade Humana, com unidades em vários estados brasileiros, foi no alvo da questão que estimula, que aperta o *play* individualismo-vaidade-poder:

> "Éramos todos humanos, até que...
> ... a raça nos desligou,
> ... a política nos dividiu
> ... e o dinheiro nos classificou."

Por outro lado, no campo individual, na medida em que a pessoa tem equilibrado crescimento, consegue administrar as cobiças, os desejos de posse, de propriedade coletiva e – ambiciosamente – sobre si mesmo, ela permite o exercício prático e abrangente do lado humano, toma atitudes serenas, sensíveis, sustentáveis com os recursos e o potencial da inteligência, portanto, de união e paz na terra como no céu...  Haja vista as explanações filosóficas, místicas, pregações religiosas a chamar atenção para o amor ao próximo, desapego, valores do coração, da alma, às vezes bastante semelhantes na linguagem e nas mensagens.

Outros filmes como o conturbado *Violência e Paixão*, de Luchino Visconti, e o arrastado *A Insustentável Leveza do Ser*, de Philip Kaufman, inspirado no famoso livro de Milan Kundera, enveredam pelo "ser ou não ser?", servem como referências para uma interrogação que se revela eterna:

EU COM O MUNDO?

Breve Comentário

Questão discutida há milênios:

Na sua essência, o humano é um ser bom ou ruim?

Ou:

No íntimo, as pessoas são boas ou más?

A vocação, o instinto natural humano é para o bem, a ânsia pelo poder citada em páginas anteriores é que traz a polêmica, é que dá espaço para a versão de que a vocação é para o mal. A formação educacional e cultural de um povo é que fará a promoção do bem e a retenção do mal. Que tal pensar um pouquinho a respeito?

A influência da sociedade para competição, para avanços, os acessos a meios para atingir patamares de poder, a estimulação para consumo e posições sociais, com o tempo, causaram alterações comportamentais e estão aí as multidões que nos levam a crer que o humano é um ser ruim na sua essência.

Nessa ideia de que o mal prevalece deve-se acrescentar a diferença entre a força dos fatos bons e dos fatos ruins, a atenção dada ao que é positivo e negativo. O fato positivo mexe muito mais com a pessoa individual do que coletivamente; o fato ruim provoca o inverso, tanto que notícias, divulgações, comentários, fofocas circulam com multiplicada aceleração quando estão ligadas a mortes, tragédias, acidentes, derrotas. No seu emocional a pessoa compara, vê a sua posição em relação às outras, coloca-se, imagina-se melhor, o que dá um saborzinho especial no inconsciente coletivo[12]. Logo, o fato ruim faz bem, agita, puxa emoção, é motivo para mil comentários.

Sobre essa discussão, no canal Netflix pode ser visto o documentário *Empatia* (*Empathy*), com abrangente pesquisa científica entre crianças. Durante certo período, em local cuidadosamente montado de acordo com a meta da pesquisa, elas se relacionam com bonecos tamanho "gente" em dois tipos de diálogos, separados, distantes: um em que a convivência é incentivada por trocas materiais e outro em que a convivência é estimulada por trocas afetivas.

Após vários encontros em que as crianças progrediram muito nos relacionamentos, é inventado o aniversário dos

---

12 *Inconsciente coletivo:* conceito criado pelo psiquiatra suíço, Carl G. Jung: é a camada profunda da psique, da alma humana, constituída por heranças de sentimentos, comportamentos, ocorrências que se acumulam na jornada da história da humanidade, e que, no subconsciente ou no inconsciente, influenciam hábitos de pessoas e sociedades. (Fonte: Wikipédia)

bonecos no mesmo dia. Feito o convite para as crianças, elas ficam livres para optar por qual festa gostariam de ir, se dariam presentes e, caso sim, qual seria. A preferência, a motivação para corresponder ao boneco das trocas afetivas foi acentuada, expressiva, com demonstração de impulsos fraternos, solidários, de amizade. Claro, o boneco ficou "felicíssimo" pelos abraços e presentes dos amiguinhos...

É certo que essas crianças, com o crescimento, virão a ter a influência do mundo exterior, das circunstâncias em que vivem, a exemplo das pressões e alterações nos relacionamentos quando pessoas mudam de cidade pequena para grande: conforme aumentam as disputas por espaços, são envolvidas por modismos de consumo, desejos por hierarquias, aspiração por melhores posições. Processam-se as agitações, abrem-se conflitos sobre valores.[13]

Observe, pelas tendências, como a da essência humana é ser boa: entre aqueles que se mudaram para ou nasceram nas cidades grandes, metrópoles, considerável percentual tem atração por passar férias, feriados ou fins de semana em cidades menores, locais aconchegantes, verdes, agradáveis

---

13 Simpático complemento: em estatística do movimento Greenpeace, para cada pessoa que diz "tudo vai piorar", existem 100 casais que planejam ter filhos; para cada corrupto, existem 8.000 doadores de sangue; enquanto uns destroem o meio ambiente, 98% das latinhas são recicladas; um cientista desenha nova arma, 1 milhão de mães fazem bolo de chocolate; para cada registro de violência por repressão aos direitos humanos, existem 200 mil tapetes com "seja bem-vindo".

(hotéis-fazenda, praias, sítios...), ou seja, querem recompor a essência, "recarregar a bateria" como se fosse uma re-humanização. Buscam espaços, alimentação, eventos, locais identificados com o coração, o afeto. Se a essência fosse ruim, recarregariam a bateria em destinos com ambientes competitivos, *cinzentos*, congestionamentos de trânsito, violência, barulho, multidões, poluição, filas etc.

Ah! E quando batem as decepções? Aí você diz: "Preciso mudar de vida!" E o que faz? Em todas as opções para iniciar a mudança, primeiro você vai ao encontro do que fará bem ao seu... íntimo emocional-afetivo, àquilo que traz a boa essência dos humanos.

Alô! Ainda somos filhos da natureza!

Do filme 2001: uma odisséia no espaço ao Adaptação, o "ser ou não ser" do nosso mundo interior-exterior ganha diversos contornos, oscilações, permanentemente sob influência da época, da região, do momento e, em especial, do contexto que nos envolve. O pensador José Ortega y Gasset concluiu nas suas peregrinações pelo comportamento:

"O homem é o homem e as suas circunstâncias."

O peso das circunstâncias, do ambiente, do entorno, das instituições sociais e suas convenções sempre foi – e é – extremamente forte na influência para as atitudes e destino das pessoas. Amasse, jogue no lixo aquela frase: "O que vem de fora ou de baixo não me atinge." Autoengano, atinge, o que vem de fora mexe com você, com seus sentidos, principalmente agora, cercado por todos os lados de mensagens, fotos, vídeos, conversas, *fofocada*, lições de vida, convites...

A potência do exterior (sociedade) em relação ao interior (pessoa) pode levar alguém ao conhecido fanatismo – quando ideologias e instituições aderem aos excessos, ficam superiores, ordenam e controlam massas.

Nessa linha, no hoje digital, está em ligeiríssimo progresso um fanatismo de imprevisíveis proporções: *Midianismo*. Algo como uma seita midiânica. É a capacidade da tecnologia digital com seus equipamentos e conteúdos (satélites-computadores-programas-internet-*sites*-mídias sociais) fazer valer na realidade o que era previsto nas histórias de ficção: a máquina ultrapassar o homem.

Resumo esta interligação *bummm!* com o termo ***Teleinfomídia***[14], a ciência colocou o pé no acelerador e não tirou. Desencadeou a soma explosiva: automação (má-

---

14 *Teleinfomídia:* um neologismo deste autor criado em 2010, um termo inventado para resumir o trio que hoje "faz a Terra girar". É a junção de: *telecomunicação* - satélites e equipamentos que fazem a interligação e circulação planetária das informações; *informática / TI* – convergência, organização e redistribuição das informações via internet; *mídia* - veículos de comunicação tradicionais, mídias e redes sociais. Variações das informações em notícias, vídeos, imagens e mensagens com penetração privada ou pública irrestrita.

Telecomunicação é a arma; informática é o pente ou carregador; mídia são as balas. A teleinfomídia metralha informações 24 horas para cantos e recantos do mundo, lança tendências, modismos, alterações coletivas e individuais generalizadas.

quinas) + internet (conexões globais) + inteligência artificial (sofisticação da teleinfomídia com ou sem gente).

Os avanços dispararam em inúmeras frentes, estamos na quarta versão da Revolução Industrial[15], que transforma radicalmente as sociedades, sacode as tradições, as culturas e o comportamento dos povos para modificações irreversíveis.

O volume do dilema, da angústia na mente-coração-afeto (o que move), porém, em conjunto, também disparou; aumenta na medida em que, séculos afora, os humanos tomam rumos que o deslocam do seu eixo central: a natureza. Desenvolvimentos materiais em conflito com o existencial e o meio ambiente.

A maioria das pessoas desconhece, um razoável percentual perdeu a noção e outra parcela finge ou se esquece de que o ser humano nasceu no berço chamado *natureza*, aquele espaço acolhedor onde vivem o mundo

---

15 "Tivemos a *Revolução Agrícola* dez mil anos atrás, com inovações tecnológicas que permitiram domesticar a terra; *1ª Revolução Industrial*, de 1760 a 1840, com máquina a vapor e ferrovias; *2ª Revolução Industrial*, final do século XIX, eletricidade e linha de montagem; *3ª*, década de 1960, revolução digital e computador; *4ª*, início do novo milênio, inteligência artificial, robótica, internet das coisas, veículos autônomos, impressão em 3D, nanotecnologia, biotecnologia, armazenamento de energia. O que torna a *4ª R. I.* fundamentalmente diferente e de grande impacto é a fusão de tecnologias e interação entre os domínios físicos, digitais e biológicos." (Klaus Schwab, diretor-executivo do Fórum Econômico Mundial, autor do livro *A quarta Revolução Industrial*).

vegetal, o mineral, o animal, e do qual o homem é parte! É isso, uma minoria talvez se lembre que somos filhos da Mãe Natureza. Poético? Romântico? Filosófico? Boboca? Lembrança sem uso prático? Pelo contrário, rever a origem que vem da natureza é ponto importante para o resgate da condição humana nesta vida tecnológica. Acredite, venha comigo:

De onde viemos? Para onde vamos? Quando? (que é o pior...) permanecerá mistério, até porque quando se debate sobre a origem *homo sapiens*, volta-se a debater sobre a origem da origem da origem... e assim seguirá.

Fundamental para o bem-estar é a certeza de que os processos de criação e sobrevivência estão interligados, a mesma fonte nutre os elementos vitais: plantas-água-terra-oxigênio-animais. Desses processos, especula-se, surgiu dos primatas a diferenciada e inteligente espécie chamada *humana*.[16]

Somos parte da biodiversidade, pronto! A interação – funcionamento dos órgãos no corpo humano – é fantástico modelo de ecossistema, engenhoso, genial fluxo. A alimentação, que tem início na mastigação para que a comida seja triturada e se facilite a absorção pelo organismo, é uma demonstração do divino fluxo da natureza dentro de nós. Os alimentos entram numa cadeia para serem processados: boca, glândulas salivares, esôfago, estômago, fígado,

---

16 Para cutucar a imaginação: com *chip* ou vacina aplicada por extraterrestre?

pâncreas, intestino grosso, intestino delgado e ânus;[17] no percurso são distribuídos, produzidos ingredientes que irão fabricar saúde e matar fome.

O normal funcionamento do corpo é tão perfeito que estão aí imitações em máquinas cada vez mais "humanas", cópias idealizadas pela robótica para finalidades das nobres às cruéis.

Assim, no trio vegetal-animal-mineral todos são irmãos nascidos e residentes no planeta, todos querem combater dor e sentir prazer, os animais e as plantas também buscam meios e climas para melhores condições de existência; as raízes querem fofos espaços na terra e os pássaros pesquisam frutas maduras.

Interessante que a saudável sobrevivência de cada um depende da plena e respeitosa união dos três para a continuidade do prazer e vitórias sobre a dor. Não são, porém, igualmente praticadas as ações em prol da união, da sustentabilidade, do ecossistema. O nosso diferenciado dom da inteligência deveria ser o instrumento de integração, de estabilidade.

Infelizmente, ao longo da existência o ser humano começou a procurar domínios ao extremo. Disputas de territórios, cobiça por riquezas numa expansão ininterrupta de guerras, invasões, um perde-ganha abarrotado de sangue. Entre vencedores e derrotados, mortes e perdas materiais

---

17 No *site*, informações detalhadas: http://www.infoescola.com/anatomia-humana/sistema-digestorio/

aos montes num desenrolar cíclico em nações e regiões: batalhas, guerrilhas e revoluções.

A preservação da natureza ficou do lado de fora nas conquistas, nos objetivos de poder, de desenvolvimento e progresso, principalmente com o surgimento dos imensos e verticais centros urbanos na Era Industrial. Ao longo dos tempos o ser humano assumiu a posição de proprietário da natureza ao atropelá-la para progredir de variadas maneiras, seja como vizinho, cidadão, político, empresário, agricultor, empreendedor etc.

Ocorre que os irmãos, em paralelo, reagiram, e assim continuam sistemática e sistemicamente. A arrogância, a prepotência das pessoas na quebra de regras de convivência ao lidar com a natureza trazem graves e ascendentes consequências em períodos de tempo cada vez menores, tanto no mundo interior como exterior do ser humano. Estão aí tufões (*tsunami*, o arrasador), ciclones, terremotos, devastadores furacões a exemplo do segundo semestre de 2017, ondas de calor como ocorreu na Europa em 2003 (em torno de 20.000 mortos), descargas elétricas na região serrana do estado do Rio de Janeiro, Brasil, com mortes, enchentes e deslizamentos de terra em proporções inéditas; tremores, inundações, secas e cheias em novos locais apavoram populações. A poluição do ar, que impede a natureza de respirar, matou 7 milhões de pessoas em 2012, segundo a Organização Mundial da Saúde.

Ao promover-se como “dono do ecossistema”, “comandante da sustentabilidade”, na arrogância do *sapiens* sobre o *Homo*, o humano esquece de sua origem, de que ele está incluído no processo, na cadeia ambiental de manutenção do planeta onde nasce, cresce e morre; de que é impossível ter qualidade de vida se ele próprio não voltar para casa, para a família natureza ou, urgentemente, idealizar roteiros para a reintegração.

A soberba posição de independência, de proprietário da cadeia vegetal-mineral-animal é uma estrondosa burrice fabricada pelo uso da inteligência no entorpecedor vício do poder. As soluções para recomposição da natureza são muito lentas e localizadas perto das agressões que se alastram em destruição global. Natureza é início-meio-fim, é tempo; hectares de verdes e populações de espécies extintas não se recompõem no dia seguinte – descarte a bizarra possibilidade de plantar a semente e fazer ameaças caso ela não vire uma árvore em 24 horas.

Como consequência, os humanos sofrem dolorosos choques no interior e exterior.

No mundo exterior avançam em espaços e condicionamentos pela fabulosa tecnologia, trazem a alegria para o corpo. São obtidas todas as formas de saciedades físicas, materiais, as pessoas deslumbram-se em mil atrações, são atendidas as solicitações do desejo, do querer e da razão. Transbordam as compras, o exibicionismo, a comilança da comilança desenfreada, a competição pela melhor e mais bela aparência, seja qual for a classe, idade, região ou renda. Cada qual no seu espaço em busca de expressão social. Humildade, paciência e desprendimento são transitórios em busca de interesses considerados "maiores", imediatos para sensações de conforto e... prazer total **Uau!**

Entretanto, envolvido por tal potencial do mundo exterior, o interior fica abatido, *caído*, recua; afeto abafado, as emoções entristecidas. Desce uma nuvem cinzenta pontualmente nele – ser humano –, nesse que é a talentosa, a incrível constituição das espécies, que sempre se dirige para o "viver feliz", que se esforça diariamente para buscar alegrias e despachar tristezas.

As circunstâncias do lado de fora excedem, destoam do que se espera de sustentabilidade individual e social; agridem, atingem o interior das pessoas. O material se sobrepõe ao existencial, ao emocional, ao afeto no seu lugar de origem; o social que deveria ser complemento, extensão, é tratado como essencial.

O afeto – nele os impulsos que nos movem – que fornece o combustível para sadio organismo humano continua a ser parte da natureza, mantém elo com seu berço. Assim como plantas, rios e animais, o afeto é ponto de partida e de chegada a cada ciclo que começa numa manhã e termina ao fim da madrugada. Precisa de ambiente externo saudável para haver retroalimentação física e psicológica de boa qualidade. Ao se deparar com ambiente externo onde prevalecem – muito ativos – os doentios desejos ou comportamentos como gula, avareza, luxúria, ira, inveja, preguiça e vaidade[18], o afeto começa a ficar angustiado, zangado; depois tolera, aguarda; por fim, da irritação vem a reação.

Esse processo humano de reação interna, curiosamente, é ***natural***, é igual ao dos irmãos, que também mostram como estão zangados: rios cheios de fezes e detritos, árvores guilhotinadas, atmosfera de cor cinza-poluição, encostas socadas de moradias, mares pretos... e aí a natureza suporta, depois mostra cansaço e, por fim, vinga-se com enchentes, terremotos, maremotos, relâmpagos-mísseis, proliferações de novos vírus etc., com consequências incontroláveis, tanto que poderosas contenções e tecnologias são incapazes de derrotá-las.

As retaliações da natureza nos dois mundos – interior e exterior – ocorrem simultâneas, de alto impacto. Os irmãos, muito tolerantes por força do parentesco, demoram, mas chega um momento em que ficam furiosos. E aí são imbatíveis. Nos Estados Unidos, após a rendição dos índios para o exército americano, um cacique Sioux alertou e previu: "Os verdadeiros inimigos vocês ainda não derrotaram, e nem os derrotarão. Aguardem pela vingança dos rios, dos animais, das florestas, do céu!"

A diferença está na forma como ocorrem as destruições.

Vamos, em específico, para o nosso mundo interior. Nele se encontra o afeto, a pura, a cristalina energia onde temos

18 Pela reincidência e danos aos relacionamentos entre pessoas, ganharam título de "7 pecados capitais".

o sentimento de amor por pessoas e lugares, utensílios e objetos. O afeto é o local do ***perfeito*** registro, toque de carinho, dos impulsos, das sensações que nos levam a afirmar:

"Gostei demais, nem sei por quê."

"Detestei, só que não consigo explicar."

Ou, mais espontâneo:

"Adorei, tem a ver comigo além do que imaginava."

"Algo me diz que essa pessoa é falsa."

"Fulano fala, faz com tanta vontade; a gente vê que isso nasceu com ele, está dentro dele."

Na maioria das vezes você encontra dificuldade para explicar o que vem lá de dentro ou mal puxa palavras para definir o porquê da identificação, afeição, antipatia, intuição. A minúcia é que o afeto reside nas profundezas, além da mente e do coração; gera sinceros sentimentos e impulsos de variadas formas, dá *play* nas ações, desejos, pensamentos sem entrar em filtros racionais.

É o endereço da casa da emoção, e está nela a arrancada para que sejamos humanamente felizes ou infelizes. Porém, é legal observar: o afeto é conservador[19], ele quer manter

---

19 Todos passam a ser um dia conservadores, inclusive os jovens, pois o que a pessoa idealizou, experimentou, compartilhou e deu certo, ela vai querer manter... conservar! A atitude conservadora é vista como "contrária às inovações", "posição antiquada", e isso está errado. Conservar o que você entende como positivo, útil, que deve ser transmitido para os outros, mexe até com a autoestima, principalmente quando você é autor de uma ideia ou conceito. Não estar aberto para discutir inovações, aí sim, antiquado, será o conservador "criador de múmias"...

a energia que o criou, quer continuar a ser o fiel aliado no que você construiu dentro de si. O afeto quer o seu funcionamento personalizado em cada humano: ele intui, alerta, motiva você a ir adiante, a recuar, libera energia para euforia, carinho, paixão, chama atenção – ri e chora com você!

Há momentos em que o afeto materializa-se em lágrimas: notícia de gravidez para o casal; encontros saudosistas; premiação de pessoa querida; formaturas; promoções; falecimentos etc.

Quando alguém tem problemas intrincados, inclusive, a busca imediata é por outras pessoas e não pelos recursos materiais; normalmente, por pessoas que saibam ***dialogar***, a exemplo de pais, psicólogo, professor, padre, pastor, amigo de longa data, para ajudar a recolocar a mente, o corpo e o que move em sintonia. O diálogo namora o afeto, um sempre pisca para o outro.

É urgente resgatar o diálogo na sua origem, como ele é: ***di*** de *dividir*, ***logo*** de *conhecimento.*

Dividir ideias, sugestões, planos, experiências, voltar a saber ouvir, ver trajetos que possam ser traçados a dois ou em grupos, evoluir em pensamentos, planos e ações. Revitalizar o "quem falou, escuta; quem escutou, fala", valorizar a consideração com a devida atenção ao próximo. Parece óbvio e é, só que não entre pessoas condicionadas pela correria, pela velocidade. O diálogo ilumina, ganha requinte, integra a lista de entendimentos inteligentes, de sabedoria diferenciada, e o afeto fica saltitante: "A gente vê pela sua cara" é frase dita para alguém afetivamente feliz.

Se for maltratado, no entanto, o afeto funciona inversamente. É quando se inicia a destruição do mundo interior. O processo é semelhante ao que acontece no mundo exterior. A relação cada vez mais intensa e imediata entre o ser humano e o consumismo adultera o afeto. A atração pela agressiva competição, o material acima do sentimental é o inverso do que nutre a nossa sensibilidade. Desconcentra, retira – muitas vezes – a prioritária necessidade de atender o que realmente move a pessoa no reino abissal. Valores abalados.

Mas o afeto reage, devolve em sentimentos de frustração, agonia, angústia, depressão, que aumentaram, extrapolaram na mesma medida em que a sociedade deixou-se levar pelas maravilhosas seduções da Era Digital, pela elevação do desejo de consumo, exibicionismo, pelas metas financeiras. Transbordou a *fabricada* ansiedade por produtos, posições, renda e poder de compra muito acima da capacidade humana de corresponder e absorver. Pergunte a si mesmo:

"Do que sinto, penso e preciso, o que quero exatamente?"

"O que tem que ser para hoje, para este momento?"

A impossibilidade de dar respostas a tamanha ansiedade tem relação direta com as frustrações e, por consequência, depressões, síndromes do pânico e... um pânico de síndromes.

Pela baixíssima incidência, a sociedade praticamente desconhecia a depressão; agora, nas duas últimas décadas, ela pulou para o topo, tornou-se o problema número um na quilométrica fila nas portas de terapeutas; as vendas de remédios deixam as drogarias eufóricas, sem crise: no *hall* da fama está a dupla Prozac-Rivotril, assim como está a seguidora Ritalina, pílula que faz crianças e adolescentes também "felizes" pela ilusão de que depressões e angústias foram embora.[20]

Mas o buraco interior é mais fundo, o afeto é pressionado e manda você olhar para si mesmo, "tomar jeito" em vez de tomar remédio; caso contrário valerão as observações de Deepak Chopra, endocrinologista indiano, escritor e professor de *ayurveda*, espiritualidade e medicina corpo-mente. Ele constata:

"Somos as únicas criaturas capazes de mudar a própria biologia pelo que pensam e sentem. As células bisbilhotam os nossos pensamentos, constantemente causam modificações. Um surto de depressão pode arrasar o seu sistema imunológico; apaixonar-se, estar aberto para a gratidão e o otimismo, ao contrário, pode fortificá-lo tremendamente."

"As alegrias, as realizações prolongam, reforçam a saúde e o bem-estar; ao vivermos situações e recordações estressantes, liberamos hormônios destrutivos. Quanto mais as vias sensoriais são estimuladas, mais informações chegam ao sistema nervoso central. As células processam, metabolizam o que você contrai em fatos e experiências. Elas não captam informações e, simultaneamente, vão concluir um julgamento. Pelo

---

20 No Brasil, em 2007, foram vendidas 29 mil caixas de Rivotril; em 2015, as vendas ultrapassaram a casa dos milhões. Fontes: *site Carta Capital*, IMS Health e *site O Dia* (4/11/2015). Correm por fora os opioides receitados como analgésicos; viram epidemia nos EUA e governo faz ostensivo combate por causa do elevadíssimo número de dependentes e mortos.

contrário, a saúde e o bem-estar vão depender da interpretação, do tempo, da forma como a pessoa internaliza, como ***coloca o mundo para dentro de si.***"

Conforme descreve Deepak, se a pessoa resistir à retomada pelos princípios humanos, virá a contaminação do sangue e da mente que pode ser desvendada cientificamente através da bioquímica (neurotransmissores, receptores neuropeptídicos, plaquetas de sangue etc.).

Ele ressalta que, na medida em que a gente aprende a lidar com os aborrecimentos, com as pressões e tentações externas, o corpo absorve e joga fora o que o contamina. Como exemplos cita a alta ansiedade por causa do resultado de um exame e a enorme chateação pelo emprego perdido.

Sem dúvida o correr do sangue em ininterrupta mobilização de bilhões de células encontrará no trânsito pelo afeto a vitamina para o corpo saudável.

São inúmeras as evidências que conhecemos em casa e fora. Na família deste autor:

Na alimentação da mãe sempre prevaleceu o cardápio Minas Gerais (frituras, farofa, batata, macarrão, carne de porco, tutu) com raras frutas, legumes e verduras; como atividade física só as normais rotinas humanas;

Uma irmã em delicadíssimo, crítico, estágio de diabetes;

Um primo com violentas enxaquecas.

A primeira, com sua disposição diariamente positiva e construtiva, ultrapassou os 90 anos ativa e lúcida; a segunda, com a alegria do nascimento do primeiro neto, teve a diabetes reduzida e cem por cento administrável; o terceiro, uma vez decidida a separação conjugal, ciclo fechado e novo romance, viu as enxaquecas ficarem espaçadas, sem ameaças de temporais.

Ah! Lembrei-me! Existe também o caso da geriatra Alexandra Moura Estevão, que contou numa palestra que por trinta anos insistiu que a mãe, Valderez Oliveira, cortasse o vício do cigarro... e nada. Pois bastou saber da gravidez da filha e chegada do futuro neto para apagar de vez o cigarro, como se nunca tivesse sido vítima do vício.

Os familiares citados são pessoas comuns, humoradas, afastadas das intermináveis recomendações de nutrição, exercícios e suplementos para vida longa, sadia, de qualidade, mas emocionalmente com as portas do afeto abertas para absorver e permitir autênticas emoções, a calma, o conviver – com respeito aos impulsos – com pessoas e necessidades.

Incontáveis fatos ao redor de cada um mostram a ligação direta do estado emocional com bem-estar, e como ele prejudica os indiscutíveis benefícios que trazem a boa alimentação e regulares exercícios.[21]

Pelo desprezo ao afeto ou por incapacidade para inter-

---

21 Mente sã, corpo são e... corpo são, mente sã, por que não? O corpo é a nossa primeira moradia e transporte, nele acordamos e através dele nos levantamos e circulamos. Tem que ser tão bem tratado quanto a mente. Abaixo sedentarismo, para fora enlatados, embutidos, frituras... toda química e acomodações que produzem doenças e impedem que o nosso corpo nos leve a fazer o que a nossa mente pede-cria-produz.

pretação dos impulsos, multidões abarrotam consultórios, triplicam receitas de médicos por causa das reações da mente diante da forma como o ser trata a si mesmo. As doenças psicossomáticas (somatismos) ocupam amplo espaço, há multiplicação em progressão geométrica pela presença de elevado impacto da tecnologia digital do mundo exterior para o interior das pessoas. Vem aí a ***Crise do Afeto***, aguardem!

Uma tecnologia que tem fantásticas descobertas, êxitos eletrizantes em todas as áreas, produtora da significativa taxa de nascidos vivos a idosos com sobrevida – aumentou nosso *prazo de validade* na terra! Mas, contraditoriamente, no seu uso individual e social, cria doentia distância da natureza: excelentes condições para qualidade de vida das pessoas no mundo exterior e existência ruim ou conflituosa no mundo interior.

A velocidade é a característica número um dessa tecnologia tão rápida, que deixa o criador para trás. É ativa, solucionadora, transmite a garantia de que a pessoa atingiu o objetivo, o perfeito acesso e a desejada felicidade. Há o condicionamento, daí, com facilidade a pessoa:

Diz que sabe.

Diz que sente.

Diz que entende.

Diz que ouviu.

Diz que está preparada...

...mas não consegue manter tal segurança quando está

sozinha, ela com ela, frente a frente com o espelho. Por quê?

O prazer, o retorno, as respostas trazidas pela veloz tecnologia só se sustentam se a base emocional (afeto) estiver inteira.

Superficiais afirmações, muitas aparentemente calorosas, geradas pelo facílimo acesso para ser informado, sentir-se querido(a) e feliz é o que produz a Era Digital. Ocorre que então, na frente do espelho, é refletida a verdadeira imagem: saber, sentimento, entendimento e preparo ocos, peso de isopor. É como descer no topo da montanha de helicóptero e dizer que conhece o roteiro para chegar a *pé* naquele local, que conhece as trilhas, alternativas, os riscos, obstáculos, pontos para descanso.

Falta resgatar, permitir de novo o funcionamento do tempo, do desenrolar do relacionamento, da paciência para aprofundar, deixar fluir e amadurecer. Aí, sim, esses hábitos farão da tecnologia a parceira de ouro.

Conforme a entrada de inovações, entretanto, o que se vê é o ser humano em flutuação, à deriva por ser incapaz para lidar, por não conseguir frear a hiperestimulação e dominar a correria. A desordem interior-exterior vira orgia de superficialidades na busca por caminhos para vida equilibrada e agradável.

Alôoou, vamos sair do automático!

Este é o espaço do Egoísmo Saudável: diante da força da tecnologia, com os impactos nas pessoas numa velocidade altíssima, sem freios, o Egoísmo Saudável é uma opção de autofuncionamento para dar-se um tranco na correria, na pressão, para você fazer a retomada do EU. Esvaziá-lo de informações, de influências inúteis, do acúmulo de lixo comportamental, de existencial tecnológico; atitude para atingir o desapego do que mexe com você, mas não o(a) toca no afeto, na sua essência, personalidade:

- Trazer o que é bom e saudável para conviver consigo e com os outros.

- Cultivar e exercitar o dia a dia com o que o(a) move e não com o que é imposto.

PRÓXIMOS CAPÍTULOS:

OS EFEITOS DAS INOVAÇÕES TECNOLÓGICAS E DA CORRERIA QUE MEXEM E REMEXEM COM VOCÊ.

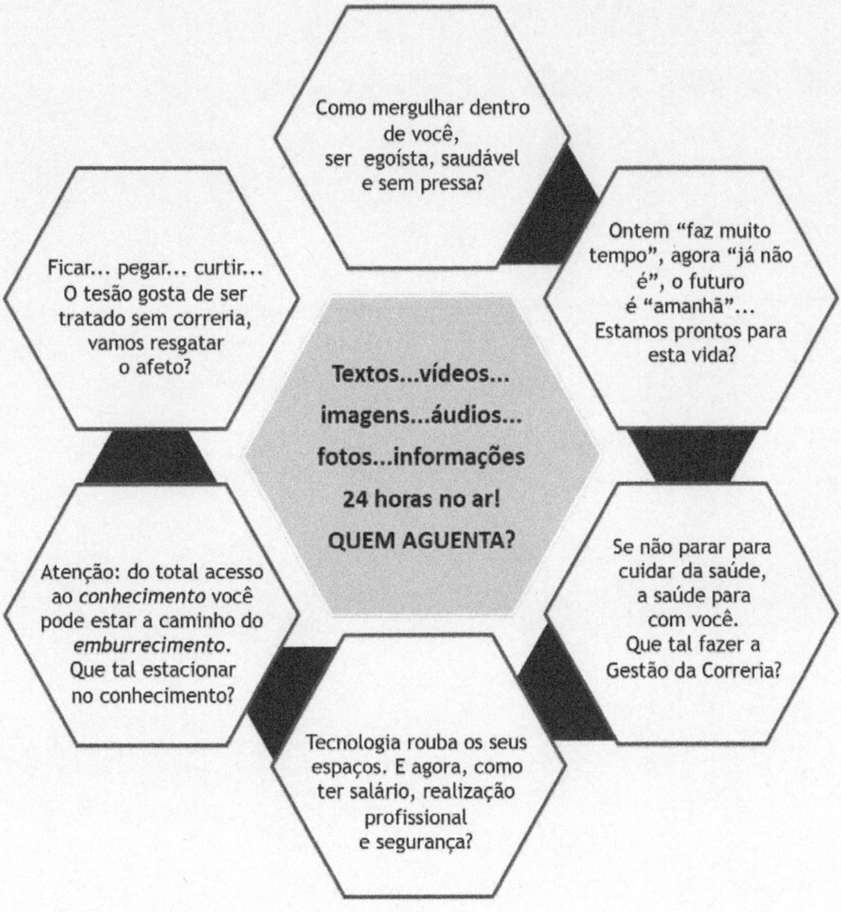

CAPÍTULO 3

"Geração pré-1990
com sangue nas veias,
geração pós-1990
com fibra óptica nas veias.
Como dialogar?"

A família, a sociedade e a falta de saciedade

Seja antes ou depois da Era Digital, na prática cabe o entendimento de que funcionamos em cima de duas colunas:

1. Família.
2. Instituições sociais.

Ambas precisam ser repensadas na atmosfera da transformação, e, já que estamos aqui para repensar nossa condição existencial e fazer a condução pelo Egoísmo Saudável, vamos em frente!

A família é o berço do ser humano e pista de decolagem para a vida. Nela estão os genes da nossa constituição. Ah! Um instante antes de prosseguirmos:

Na confusa e interminável discussão "de onde viemos?" / "para onde vamos?", duas respostas imediatas dentro do que é real: viemos da família e vamos para o cemitério.

De volta ao tema "família", nela está o ninho físico e afetivo a partir do cordão umbilical e da – muito especial – sensibilidade dos pais, não importa se o sexo foi casamento, namoro ou amizade. Na família nascemos, ali permanecem nossas referências genética, psicológica, *cardíaca*; a ela recorremos nos mais diferentes acontecimentos, tanto para comemorar alegrias como para lamentar tristezas.

A família é o local em que está plantada a raiz afetiva, com entrelaçamentos no astral energético, haja vista os alertas intuitivos, os toques do coração, os invisíveis e misteriosos "alertas" trocados entre pais e filhos – fique atento aos sinais! A família é o adubo orgânico do afeto no reino abissal.

Na Era Digital, ela passou a sofrer inúmeros abalos, começou a ser envolvida no processo de transformação social, descaracterizou-se, perdeu qualidades e funções que davam sustentação ao ser humano: definia valores, construía conceitos morais a serem seguidos no dia a dia pelos familiares com o calor do afeto, do respeito, com atitudes que iriam marcar o nome dos parentes na sociedade.

As instituições sociais sempre carregaram – ou procuraram carregar – os chamados "valores da família", para exercerem o papel educacional, jurídico, religioso, assistencial, cultural, político, empresarial, de serviço. Do lado de fora das residências, as instituições tornaram-se responsáveis pelo equilíbrio nas relações entre os humanos na sociedade; elas entraram em alta e a *Lei do mais forte* entrou em queda.

Antes de 1990, do nascimento à velhice habitava-se numa atmosfera em que havia certo alinhamento de conceitos família / instituições. Com contrastes de acordo com a tradição e cultura dos países, as linguagens tinham semelhanças, coerência sobre direitos e deveres, permitido e proibido, ético e imoral. Efetivamente, as populações pensavam, agiam, discutiam, divergiam, aceitavam, comportavam-se através das diretrizes do seu meio, do que se aprendeu e desenvolveu – nos degraus infância, adolescência, jovem, adulto, idoso – em sintonia com as instituições.

Hábitos e costumes na existência como seres humanos e sociais, e, assim, a formação de gerações através de pais, tios, avós, bisavós... numa árvore genealógica de cultura e valores familiares e institucionais. Repito: não vem ao caso avaliação dos costumes, dos conceitos, ideologias, estejam certos / errados, mas, sim, que havia o processo de formação degrau por degrau.

As alterações comportamentais levavam tempo, nada mudava sem o julgamento da tradição; o que estava estabelecido pela história de determinada população era o parâmetro, a referência no cotidiano do povo.

O *eu* interior (afeto, família e pessoa) mais o *eu* exterior (instituições e sociedade) conversavam, evoluíam com o correr dos anos por gerações. Para ganhar consistência, para fazer parte do dia a dia, qualquer novidade exigia tempo. Após a maturação, a novidade virava um conceito e componente social, pessoal, que podia ser questionado, mas era tido como parte do tecido social. Casamento, carreira profissional, sexo, política, morte, consumo, moda... inúmeros temas ganhavam tendências, prolongadas discussões, esticadas conversas em função da tradição, dos conceitos herdados e cristalizados. Jamais uma tendência virava evidência da noite para o dia.

Eis que os relâmpagos da Era Digital nas quatro estações do ano espoucam certinho nesse ambiente: tendência vira evidência da noite para a manhã, da manhã para a tarde, da tarde para a noite. Propagação até mundial de informações em minutos, diferença entre o tempo (dias ou semanas) para envio de uma *carta* para alguém e o *enter* ou deslizar de dedo (segundos ou minutos) para compartilhamento da mesma informação para alguém por aplicativo, para grupos de dezenas, centenas, milhares ou milhões de *alguéns*. Termômetro social: dispara a correria, desaba a paciência.[22]

Logo, a partir de 1990, vieram as *implosões* dos elementos formadores do modelo de vida que o ser humano levava. De repente, pessoa, família, igreja, empresa, escola, forças armadas, clubes de serviços, sociais, instituições em geral dispararam a receber informações em curto tempo, com qualidade e intensidade sem condições para o entendimento, raciocínio, reações, defesas, comparação com a tradição e cultura.

As previsões do que poderia acontecer com a transformação social não existiam? Não haveria como fazer uma adequação, ajuste, uma vez que uma das nossas características é a capacidade de adaptação?

---

22 Por causa da ansiedade para acompanhar a correria assistimos aberrações como ultrapassagem em fila de pedágio, quebra-molas embaixo de sinais, no interior de condomínios e supermercados! Pessoas urinam, dão descarga ao mesmo tempo e devem acontecer casos de limpar com celular o que deveria ser limpo com papel higiênico...

Sobre as previsões dos avanços tecnológicos e comerciais, isso foi possível razoavelmente, mas de forma alguma a respeito do que foi desencadeado no mundo interior e exterior humano, no comportamental.

O ambiente indicava, sinalizava "mudanças em curto tempo", e o que ocorreu foi transformação imediata e brutal, um ambiente global absoluta e absurdamente novo, sem precedentes na história da humanidade.

Rachou aquela pista alinhada, uniforme, em que a pessoa decolava e depois, no voo, mantinha controle. A tecnologia e veículos de comunicação (hoje redes e mídias sociais) que eram subordinadas a essa pista (família e instituições), assumiram a cabine de pilotagem. Dias, horas e minutos de tempestade de conteúdos em dados, imagens, vídeos, fotos, textos, canais abertos e instantâneos para relacionamentos globais; em pedidos de retornos (cutucar, compartilhar, buscar, curtir, dar *like*, opinar, criticar); em pedidos de atenção (aparelho com vibração, sinal geral / personalizado de alerta, *sirenes*).

Ah! Mas apareceram as comunidades nas redes, seriam as instituições digitais. Diria que "apareceram" é pouco, brotam todos os dias as comunidades, como final de filmes de zumbis. Porém:

Quem são as pessoas? O que está por trás? Qual origem e quais os princípios? Qual o propósito da mensagem? A veracidade e qualidade do conteúdo? A formação de quem faz a postagem para orientar e apoiar seguidores nos valores humanos, sociais e éticos?

Estamos todos expostos a informações de diversos tipos. Pessoas são beliscadas agora e... agora! O mundo das novas gerações funciona no *hoje*, no *já!*, na ventania emocional. Esse clima imediatista também chega às outras gerações numa elevadíssima estimulação. A tradição, ou seja, a herança de conceitos e comportamentos, é relativa, é complemento. A criação de um filho era a base para a criação dos outros, e não é mais assim.

Nas gerações antes e pós-1990 são nítidas as diferenças entre atitudes sobre *sexo* (um quer namorar, o outro quer ficar), *trabalho* (um planeja futuro profissional, o outro quer ser profissional sem estágio), *dinheiro* (um pensa em poupar, o outro quer gastar), *saúde* (um pensa no que come e efeitos, o outro come sem mastigar), *posição social* (um quer representatividade e poder, o outro quer acontecer independentemente de poder)... e assim sucessivamente, a ruptura comportamental é radical, impulsionada pela diferença entre velocidades: gerações pré-1990 com sangue nas veias, gerações pós-1990 com fibra óptica nas veias,[23] seres química e psicologicamente diferentes.

O perfil das novas gerações é – inteiramente – conflitante. A transformação ocupa o lugar da mudança de mentalidade que ocorria ao longo de anos e anos; daí, o surgimento de gerações X, Y (*millennials*), Z (*centennials*), até à que tem o inusitado nome *baby boomers*. Mais letras estão a cami-

---

23 É uma das abordagens usadas pelo autor para conseguir a união nas empresas familiares em que trabalham pais, filhos, sobrinhos, netos etc. www.empresafamiliarconsultoria.com.br.

nho. Gerações mutantes por períodos, viciadas na correria, em flutuação nas nuvens (*cloud generation*), no superficial racional-emocional, nos atalhos; nas facilidades para retornos dentro daquilo pelo que necessitariam esforçar-se ou pensar.

Gerações que não mergulham, circula por aí a brincadeira "geração nem nem" – *nem* estuda e *nem* trabalha –, representam um quarto da população jovem brasileira (Fonte: IBGE). Já na internet... navegam.

No Brasil, 5 horas e 51 minutos, em média, é o tempo diário que os jovens de 16 a 25 anos gastam na rede; nos EUA, 9 horas é o tempo diário dos adolescentes de 13 a 18 anos; entre os mais novos até 12 anos, são 6 horas (Fonte: Revista *Veja*/out. 2016). Crianças com *tablets* e celulares em multiplicação.

Para dar nitidez ao vulto da transformação, em curto período os adultos e idosos vão ficar juntos nas estatísticas de horas de navegação! Observe o interessante trecho do artigo da psicopedagoga Cassiana Tardivo:

"Antes filhos brincavam e ouvíamos as vozes, escutávamos as fantasias e, ao ouvi-los, mesmo à distância, sabíamos o que se passava nas suas mentes. Quando entravam em casa, não existiam TV em cada quarto e dispositivos eletrônicos em suas mãos. Hoje, não escutamos as vozes, não ouvimos pensamentos e fantasias; as crianças estão ali, nos seus quartos e, por isso, pensamos estarem em segurança. Quanta imaturidade, a nossa."

"Ficam com fones de ouvido, trancados em seus mundos, construindo seus saberes sem que saibamos o que é... Perdem literalmente a vida, estão mortos em seus relacionamentos com os pais, fechados num mundo global de tanta informação, estímulos, modismos passageiros que em nada contribuem para formação de crianças seguras e fortes para tomarem decisões moralmente corretas e de acordo com valores familiares."

"Convido você a tirar seu filho do quarto, do *tablet*, celular, computador, fone de ouvido; convido você a comprar jogos de mesa, tabuleiros, e ter filhos na sala, ao seu lado por, no mínimo, dois dias estabelecidos na semana, à noite (além do sábado e domingo). Divirta-se com eles."

Bem, o detalhe é que o artigo pode ter a mesma versão para pais, tios, avós, estão todos iguais! Tecnologia invadiu a família! Há quatro anos foi publicada foto na rede com o título:

Netos visitam avós no fim de semana.

Na sala, avós no centro do sofá, apáticos, em segundo plano, enquanto os netos estão nas poltronas, agarrados aos celulares.

Recentemente, circulou a foto com igual título:

Netos visitam avós no fim de semana.

Na sala, avós ativos, todos em idênticas posições, agarrados aos celulares e... em segundo plano, a convivência família e porta-retratos com calorosas imagens que deveriam permanecer ao vivo.

Amiga que faz animações em festas teve que integrar entre crianças e adultos brincadeiras com celulares, *tablets* e *notebooks*; caso contrário, os seus adoráveis personagens fantasiados seriam tristemente por eles trocados.

Gente agarrada ao celular é normal em aeroportos, restaurantes, aniversários, *shoppings*, clubes, igrejas, trombadas em calçadas, atropelamentos, batidas... – independentemente de idade, dia, hora e local – todos sugados pela tecnologia.

A *incontida* ciência, alavancada diariamente pelos interesses empresariais gerou uma tecnologia que desfez a possibilidade do equilíbrio através daqueles moldes baseados no crescimento de gerações numa árvore de cultura e valores familiares e institucionais. A tecnologia digital cortou galhos da árvore, começa a dar machadadas no tronco com velocidade, potência, profundidade – ininterruptas e irreversíveis.

Esteja certo de que não estamos em período de conclusões, soluções, e, sim, de virulência, agitação, interrogações pela fragmentação dos alicerces onde o ser individual e coletivo estruturava-se para alçar, bater as asas para viver, fazer, realizar – enfim – existir.

A conscientização sobre o regaste dos originais impulsos humanos é o objetivo do Egoísmo Saudável para que a própria pessoa saia das perguntas para as respostas.

E vamos em frente para outros capítulos com os impactos da tecnologia digital, com o rebuliço no mundo interior e exterior.

CAPÍTULO 4

"Se não parar para cuidar da correria, ela te atropela... Tome atitude."

Gestão da Correria: resultados com menos retrabalhos, desperdícios e saúde em dia

Na área profissional, conforme comentário no prefácio, este autor criou um método de gestão dirigido para empresas brasileiras (www.consultoriadeimpacto.com.br) a partir do ***comportamento***, do jeito de ser dos empresários e personagens que o acompanham: diretorias, gerências, chefias, equipes, clientes, fornecedores, e em empresas de maior porte, incluídos conselheiros e acionistas. O método deu certo, particularmente para empresas familiares, onde saber lidar com o fator comportamental é peça-chave, é vital por causa da intensidade das emoções, sentimentalismos, informalidade e conflitos entre gerações.

Na trajetória com mais de duas décadas de implantações do método em consultorias, projetos, realizações de cursos e palestras, hoje são fartas as experiências, as constatações sobre a forma como são conduzidos os negócios, as rotinas, as atitudes, posturas, como as pessoas pensam, agem, relacionam-se, tanto dentro como fora da empresa; enfim, como *dançam* – no dia a dia do trabalho – conforme a música que o mercado e a vida tocam.

A **Gestão da Correria** surgiu em cima de uma das constatações, acabou por tornar-se eficiente aperfeiçoamento do método que, acredito, irá fazer você rever a sua pressa e frear a correria. Vamos lá, confira.

Em reunião de conselho de gestão numa empresa, uma das diretoras – visivelmente exausta – fez comentário sobre o cansaço devido à efervescente dinâmica das atividades profissionais. Reclamou da velocidade, quantidade de informações e da raivosa competição. Na mesma semana, a revista *Época* publicou reportagem de capa com título:

DESACELERE – As vantagens de saber esperar num mundo dominado pela pressa

O cansaço daquela diretora é, ou vai ser, o de tantos outros que passam de certo volume de atividades e responsabilidades de dedicação ao negócio. No mercado atual, quando chegamos a esse "certo volume", vem o pior: a tecnologia digital multiplica-o com total facilidade e a tendência é transbordar em desgastante estresse, desde a diretoria até as equipes.

Para qualquer assunto, dos simples aos complexos, dos pessoais aos profissionais, a tecnologia produz desdobramentos rápidos, são reflexos em escalas. Daqui-dali-de-lá surgem as informações indiretas ou paralelas, que nada têm a ver com aquele "certo volume", mas às quais você precisa dar atenção, retorno, e decidir, expressar-se de alguma maneira.

Nesse ritmo, começa a perder o domínio sobre o seu tempo, porém, luta para mantê-lo, e aí é que entra o fato traiçoeiro: a capacidade de a tecnologia articular as informações **passa a ilusão** de que você tem condições de administrar, de tratar do tal volume, do excedente, e ainda corresponder a tudo e a todos acima do que realmente pode.

Humanamente é impossível, não temos a velocidade que a tecnologia impõe, que nos pressiona; o sistema de funcionamento do corpo humano está anos-luz atrás do digital, e, para darmos conta dessa aceleração... teríamos que ter funcionamento robótico! Mas a danada da tecnologia nos passa a nítida ideia de que podemos, e aí batem as frustrações com seta de indicação para a depressão.

Como acréscimo, junto às atividades e responsabilidades de trabalho e os seus desdobramentos, precisamos levar em consideração que há também a vida social, familiar, pessoal e física a ser cuidada, igualmente os pedidos de atenção, carinho e retornos daqueles com quem convivemos. Observe: as pessoas vitoriosas crescem como profissionais e empresárias, e, assim, em paralelo, crescem os assédios em solicitações na vida familiar e social – as asas e pessoas embaixo delas aumentam com o sucesso!

Então, diante dos compromissos de trabalho e particulares acelerados pela tecnologia, o(a) empresário(a) começa a cometer erros ingênuos, diminui o uso da inteligência, precipita-se nas avaliações de mensagens, de relacionamentos, dos contatos, planos, não abre tempo para pensar em estratégias, e o estresse toma conta porque os retornos dos outros dirigentes, das gerências, chefias, equipes, dos clientes e fornecedores ficam tão ruins quanto ao tratamento dado por ele(a) próprio(a) no início. A falta da consistência por causa da correria causa estragos em retrabalhos, perdas de clientes, furtos, conflitos familiares, compras mal cotadas, fadigas físicas e emocionais, saúde abalada etc. Perde a base do comportamento que o(a) fez bem-sucedido(a) no começo da sua trajetória. Resumo dos efeitos assistidos nas empresas:

- *Ilusão do lucro*

Preço formado para venda de determinado produto ou serviço foi corroído pelas falhas e retrabalhos – imagine o efeito no conjunto...

- *Prejuízo invisível*

Corriqueiras divergências, desgastes internos (equipes) e externos (clientes) que, acumulados, botam morro abaixo os resultados e as conquistas somadas ao longo dos anos – vira-se alegria dos concorrentes.

- *Pouso forçado*

Afastamento ou pedido de licença para recuperarse dos problemas no corpo e na mente causados por correria que nenhum ser suporta. Sofrerá o *burnout*, o esgotamento profissional com "prisão domiciliar": descanso obrigatório, fileiras de remédios e controladas refeições.

Logo, se a pessoa não parar para cuidar da saúde, a saúde para com ela, cai a qualidade do que nos move: sucesso-emoção-motivação. Aí você terá que rever a importância da família, da calma para alimentação, das horas de sono, do lazer para a mente e da ginástica para o corpo. Rever o sucesso com o desgosto de um retrocesso.[24]

Precisamos domar a velocidade, colocá-la a nosso favor no trabalho, seja qual for a posição e a função. É simples? De maneira alguma, se tentar simplificar pior fica... Trata-se de ***exercício profissional*** e ***pessoal*** de acordo com o que você quer como qualidade de trabalho (pequena, média ou alta competência), de poder (ascensão e dinheiro com ou sem limite) e de vida (maior ou menor atenção aos familiares, amigos e lazer).

Vale ressaltar que a todo momento fazemos escolhas, sejam corriqueiras – "O que vou comer?", "Abasteço o carro agora ou depois?" – ou complicadas – "Separo-me ou não?", "Permaneço no emprego?", "Abro filial?" etc.

---

24 Marilene Lopes, professora da PUC-RJ e ex-executiva da Coca-Cola, sofreu o drama e publicou livro-depoimento *Antes que seja tarde.*

Para tomar atitude diante das opções, antes da Era Digital a pessoa sofria poucas e até previsíveis interferências do mundo exterior. Saía do escritório e, de fato, encerrava o expediente, parava o trabalho.

Esse quadro foi alterado com a desenfreada estimulação, com a pressão da sociedade e do corporativo digital, em particular nas empresas familiares pelo calor do clima doméstico, íntimo, emocional, e diferenças entre gerações. Depois da invenção dos *smartphones*, dos aplicativos para comunicação e soluções diversas, ficou difícil deixar o trabalho na empresa, manter a agenda com separações de assuntos e objetivos numa linha estritamente empresarial, com o foco ajustado no que lhe interessa como *profissional*, como *pessoa* e como *família*.[25]

Daí, voltou a moda da "administração do tempo", da busca de orientações sobre como resolver a "falta de tempo", o "não consigo ter tempo nem para mim", "é só correria". As orientações em geral são boas, mas produtivas para o mundo anterior à Era Digital. Hoje são algo burocrático, fraco diante da pressão. Apenas vão ser úteis caso, primeiro, a pessoa dê um tranco na velocidade, na correria imposta pela hiperestimulação provocada por equipamentos digitais, especialmente celulares & cia.

---

25 Foram lançados aplicativos para bloqueio de aplicativos e *sites* – Self Control, Anti Social e LeechBlock –, com objetivo de impedir acesso ao que distrai, ao que tira atenção no trabalho. Fácil prever: vêm aí os aplicativos para desbloqueio destes...

É preciso, de forma abrangente, bem decidida, adotar comportamento que tenha início pela **Gestão da Correria.** Criei este termo quando vi que nem a agressividade do meu bem-sucedido método para manter diretores no foco das vitais atividades funcionava com a devida eficiência para os resultados. Dispersões começaram a ser inevitáveis, por quê? As inovações, em específico, as trazidas pelos *smartphones* e pela tecnologia *streaming*,[26] massificaram estímulos para que a atenção se voltasse para equipamentos tecnológicos. Vídeos, áudios e fotos antes *pesados* emagreceram, ficaram leves para acessos em aparelhos dos menos aos mais potentes. Aplicativos de mensagens ganharam gigantesca presença – centro das atenções.

Essas novidades sacudiram as empresas, aumentaram excessivamente as dispersões internas pelos acessos a *sites*, aplicativos, redes e mídias sociais. Repentinas idas a banheiros, corredores e "já volto" viraram rotina, polêmicas, desentendimentos nas relações de trabalho.

Daí, a Gestão da Correria tornou-se um oportuno, estratégico aperfeiçoamento do método. Foi mantida a meta de agressividade nos pontos vitais. Segue a linha do Egoísmo Saudável, faz com que a diretoria canalize fortemente as

26 *Streaming:* Tecnologia que torna ultrarrápido e leve o fluxo de informações, dados e conteúdos multimídia. Viabilizou filmes e jogos em tempo real em aparelhos até de baixa potência. Exemplo de *streaming*: YouTube e NetFlix (dados com base no *site* www.significados.com.br.)

atenções para os pontos em que a empresa jamais pode errar e para pontos em que acerta e precisa dar sustentação contra imprevistos.

A Gestão da Correria une empresário-negócio-profissão dentro do que verdadeiramente importa e traz a tecnologia como recurso. Passa a administrar, assim como a submeter o tempo a ele. Reaprende a frear-acelerar na velocidade que deseja, a gerar soluções para amanhã que precisam de decisões hoje.

O trabalho, o sucesso e o dinheiro dão prazer quando a vida fica sob o SEU controle.

O BRASILEIRO NÃO SABE SUSTENTAR O SUCESSO

Comportamentos e cultura do brasileiro baseados na rejeição à disciplina, ao planejamento, na exagerada praticidade, na correria e no imediatismo tornam-no presa fácil, aliás, facílima, para os objetivos e a velocidade tecnológica. Na rejeição à disciplina e no excesso de praticidade há um importante acréscimo no seu perfil, no jeito de ser: o brasileiro adora o contato humano, o envolvimento pessoal, e é extremamente habilidoso e carismático para relacionamentos em negócios, vendas, condução de equipes para tarefas operacionais e gerenciais.

Logo, os números das operadoras de telecomunicações e lojas de eletrônicos colocam o Brasil na liderança mundial de aparelhos, acessórios e planos. Trouxeram o que o brasileiro precisava para satisfazer o apetite pela conversa, bate-

-papo e falação generalizada.

Portanto, a Gestão da Correria e o sócio Egoísmo Saudável passaram a ter perfeita capacidade de organizar esse quadro para atingirem-se resultados empresariais e profissionais com consistência.

Sobre o nosso jeito de ser, acompanhe o conteúdo do seguinte artigo publicado em 2014. Foi escrito após fato ocorrido numa das atividades de consultoria.

"Abraçamos o prazer ou a vitória do momento sem medir consequências"

Na Copa do Mundo 2014, a Seleção Brasileira venceu a da Colômbia nas quartas-de-final. No dia seguinte, a antes preocupada e tensa seleção começou a aparecer na mídia em cenas de descontração, de eufórico otimismo, treinos liberados, declarações sobre a final contra Holanda ou Argentina, enfim, de repente, começou a existir o clima do "já ganhou". Número significativo de torcedores e jornalistas dava vazão ao "vamos chegar lá!".

Espere aí... como, se até então a Seleção jogava tão mal que o pessimismo era geral?! Se as vitórias anteriores passaram perto do abismo do vexame?!

Pois esse clima que, de repente, tomou conta da Seleção é reflexo do nosso jeito de ser pessoal, familiar e profissional. É característica histórica, típica do brasileiro a facilidade para gerar o clima euforicamente otimista; para viver o "já ganhou", "ninguém me segura"; para abraçar com força o prazer ou a vitória do momento sem medir consequências. Basta um passo mais largo e bem-sucedido, para os difíceis degraus anteriores serem esquecidos e os próximos, superados por uma "inabalável competência conquistada", ou seja, após a exaustiva sequência de jogos da Croácia à Colômbia, nas quartas, seria tranquilo vencer Alemanha nas semifinais e levantar a taça contra o finalista.

Somos assim, não sabemos administrar avanços, principalmente quando, juntos, tornam-se sucesso, realização, fama. O brasileiro atrapalha-se para lidar com o crescimento em qualquer ambiente ou fase pessoal, familiar ou profissional.

Se vencemos partidas seguidas, já fazemos da competição do jogo uma exibição para arquibancada; se vamos ganhar um dinheiro extra, já gastamos por conta; se o negócio dá certo, já iniciamos abertura de filiais; se nosso filho é uma gracinha, a família vira ninhada...

A empolgação bate à toa logo no início e nela passamos a viver. No momento, sem dúvida, é bom demais, *show*! Porém, depois, a deliciosa curtição do prazer pode ter sabor amargo. Veja consequências dos exemplos colocados no parágrafo anterior.

Na semifinal, na humilhante goleada 7 a 1, o primeiro e o terceiro gols da Alemanha aconteceram por exibicionismo e relaxamento; milhões de clientes de cartões de crédito e bancos estão com carteiras fechadas pelos endividamentos; instituições registram índice de mortalidade *infantil empresarial* – cerca de 70% dos negócios entram em falência até o quarto ano de fundação; das crias em casa vem confusão diária pelos desgastantes pedidos de apoio a parentes, empresas e governos.

Reside em nós o curioso sentimento subconsciente de que o avanço de hoje continuará automaticamente a evoluir, que o nosso sucesso tem longa validade ou é vitalício; em específico, que planejamento e disciplina são dispensáveis, secundários.

Faz parte da raça brasileira, é genético. Somos seduzidos pelo "agora" sem pensar nas consequências. A propósito, muitas delas poderiam ser positivas, espetaculares, se houvesse disciplina para sustentá-las, e aí vamos voltar aos exemplos:

Brasil hexa, renovação do cartão com o dobro de crédito, filiais bem estruturadas no modelo franquia, mais filhos com plano e paz familiar.

Vamos lá! Com transparência! Somos, sim, um sucesso em energia, vontade, gosto pela vida, calor e relacionamento humano; nascidos com espetacular habilidade individual em inúmeras áreas: esporte, música, cultura, empreendedorismo etc. Muito ruins, porém, na manutenção, na continuidade do que conquistamos pelos nossos dons. Na sequência *iniciativa-avanços-crescimento* está o potencial do brasileiro; na sequência *organização-amadurecimento-sustentação* estão as deficiências que quebram a regularidade das conquistas.

Comum ouvir que o brasileiro é maravilhosamente criativo, que inventar é a sua notável virtude, mas tamanha exaltação é discutível: quais são as estrelares e exclusivas criações? Quantas são as brilhantes inovações de repercussão mundial?

Somos criativos como outros povos... nada especial; o que temos de maravilhosamente diferente é a capacidade para relacionamento, para articular, integrar, envolver pessoas e motivar ações. Temos perfil empreendedor nato: tomamos iniciativas, com desenvoltura atraímos grupos, avançamos nos relacionamentos, nos objetivos, e progredimos. Sabemos contornar conflitos, acomodar divergências, passar por embaraços pessoais ou coletivos como raros povos no planeta. A capacidade para relações humanas, sociais e comerciais é o dom que promove brasileiros a cargos corporativos e diplomáticos no exterior.

Esse domínio para condução de pessoas e acontecimentos criou duas arrogantes manias:

"Não se preocupe, no final dá tudo certo."

"Vamos ver isso depois, na hora a gente resolve."

Logo, a natural versatilidade para contornar situações das mais diversas faz com que deixemos tudo para cima da hora, virou hábito!

Não há planejamento, nada é urgente. O foco é no agora, no clima da excitação, da correria com absoluta resistência para disciplina, para refletir sobre o que ocorre de positivo, negativo, e projetar próximas etapas. De agora em agora, os avanços acontecem e os problemas também: os resultados oscilam em meio à quantidade de desgastes, cai a regularidade rumo aos objetivos e começa o declínio – não dá para resolver agora o que se acumula e não é tratado com tempo e critério.

A resistência do brasileiro às atividades organizadas, à gestão tira a sustentação dos resultados obtidos pelo próprio potencial; temos o sentimento da conquista quando apenas invadimos, de que vencemos quando só pulamos etapas (ver, na pág. 160, diferença entre invadir e conquistar).

O interessante é que, em alguma obrigação, algum objetivo, na medida em que o brasileiro aceita a disciplina, ele triplica os meios para superar, evoluir e sustentar, com êxitos até além das expectativas! Quando equilibramos o versátil talento (empreendedorismo) com a disciplinada postura (gestão), ninguém segura! As seleções de 1970, 1994 e 2002 tiveram a união dos talentos individuais com a sustentação da postura dos disciplinados; as seleções de 1982 e 2006 tiveram a vibrante valorização dos talentos e entraram para o arquivo dos derrotados. Se as seleções tivessem comandos voltados para tal equilíbrio empreendedorismo-gestão, às vezes, quem sabe, o Brasil poderia perder uma Copa do Mundo, numa supremacia quase total e semelhante à dos Estados Unidos no basquete.

Somos naturalmente empolgados e empolgantes, turistas nos adoram! O jeito de ser é da nação, é cultural, não cultivamos o passado nem projetamos o futuro (menos de 8% dos brasileiros fazem seguro de vida), somos o presente, imediatistas. Questão de raiz:

O asiático é metódico, o alemão hiperdeterminado, o americano obsessivamente invasor, o inglês cronometrado. Estão, porém, sempre atentos, com direção, foco, planejam adaptações às tendências da evolução da humanidade.

O comunicativo, improvisador, articulado brasileiro deve entender que entramos numa nova Era, com formato gestor, organizador, disciplinador, em que a sociedade se estabelece em regras e sistematizações viabilizadas pela fascinante tecnologia.

Inovações e imitações acontecem em velocidade de anos-luz, a competição dispara. A cada gol é preciso ter meio de campo fechado e compacto para manter o placar. A Era Digital implanta uma conectada, pirotécnica globalização. Bonita ou feia, desumana ou robótica, encantadora ou depressiva, não importa, a sistematização social define que é indispensável ***saber fazer gestão*** para seguir adiante.

A globalização é gestora, seja na colheita no campo, no GPS do painel do carro, no controle da tevê, na multitarefa celular, nas câmeras escondidas, na cobrança dos impostos, na liberação de dinheiro, nas compras do supermercado ou na situação em que você estiver no instante desta leitura; por trás haverá uma necessidade de organização.

Pare e pense: todas as referências de sucesso são talentos com funcionamento em cima de sólida base de gestão (Steve Jobs, Zidane, Gisele Bündchen, Steven Spielberg, trio AMBEV...).

Cabe ao brasileiro frear a correria e unir empreendedorismo-gestão, o seu jeito de ser com o modelo da globalização. Não copiar, pelo contrário, ter sabedoria para equilibrar. Procurar adaptar, capitalizar ao máximo os pontos positivos, aquilo que faz bem feito.

Fazer a Gestão da Correria de acordo com o seu ambiente (esporte, empresa, casa...) será mais estimulante, saudável. A propósito, que tal uma carreira empresarial e profissional comunicativa, calorosa, viva, integrada e... planejada?

CAPÍTULO 5

"Nascem as pessoas, nascem as máquinas, que vão tirar TOTALMENTE os lugares das pessoas..."

Emprego e carreira na Natalidade Humana x Natalidade Tecnológica

Como tem sido apresentado nas páginas deste livro, não estamos num mundo de mudanças, e sim, de histórica, de inédita ***transformação***, de novíssima realidade que cerca o ser humano em qualquer ponto fotografado e filmado pelos satélites. Do primeiro choro da nossa espécie ao século XXI, nenhuma Era trouxe tão abruptas e velozes invenções, e, muito menos, com estonteantes, frequentes agitações individuais e coletivas.

Exagero? Leia; quem sabe chegaremos à mesma conclusão?

Sempre somos informados de que as crises econômicas são cíclicas, desencadeadas por períodos com consequências globais ou bastante expressivas numa certa quantidade de países. A diferença contemporânea é que, na nascente, as crises após 1990 não são provocadas pelos motivos que vêm à tona por períodos, não precisamente, pelo que falam os gurus da macroeconomia e da política. Há surpresas, situações que extrapolam por serem ativadas pelo novo potencial tecnológico. Os motivos divulgados podem até ser compatíveis com a macroeconomia, mas falham nas conclusões sobre os meandros, a virulência social da Era Digital. Vamos lá!

Após a explosão de cada crise são dadas as justificativas pelos especialistas, o público acompanha as notícias e a maioria acaba por concordar que a culpa do negro momento é "descontrole da inflação", "bolha financeira", "conjuntura asiática", "excessiva volatilidade na Bolsa", e, assim, títulos variados, criativos, para rotular as quedas dos negócios, do emprego, da renda e do consumo.

As crises repetem-se em estouros nos países líderes na economia. Novas consequências, tudo igual: entrevistas, debates, artigos, livros, seminários, enfim, os engenhosos analistas apresentam justificativas e inventam um termo para identificação da escassez geral com efeitos no bolso, estômago e bem-estar das populações.

Até a próxima crise ficará registrado mais um desastre econômico mal explicado pelos MBAs, PhDs, notáveis especialistas, e acobertado pelos políticos para que possam negociar e, certamente, tirar vantagens dos imensuráveis socorros financeiros. A sociedade, eu e você, é claro, seremos vítimas; seremos chamados para resolver aquilo em que não tivemos culpa.

Teorias, sérias e animadas versões da macroeconomia à parte, os estouros das cíclicas crises acontecerão em períodos mais curtos formados por um veloz processamento diário, ou melhor, cíclicas crises acontecerão entre períodos menores e os efeitos serão a veloz/intensa absorção dos espaços humanos pela solucionadora tecnologia digital. Consequentemente, numa disparada quase vertical para um caos social nem tão remoto. Por que?

A essência, a origem das crises nas décadas de 1980, 1990 e na virada do milênio está na consolidação da Era Digital. A sociedade convive com tecnologia de alta velocidade em descobertas, implantação e ***infiltração*** nas pessoas em quaisquer circunstâncias: individual-social-existencial-familiar-religiosa-educacional-política-empresarial-profissional-esportiva-cultural... ***UFA!***

Categoricamente, as invenções, as novidades em série e suas utilidades práticas começaram a proliferar em interferências diretas, abertas, incisivas, envolventes e imediatas nos espaços dos terrestres.

A Era Digital vai muito além de "apenas mais uma fase de mudanças na nossa história". Está equivocado quem pensa com tal simplicidade, naturalidade. Vivemos violenta guinada humana-social em proporções extraordinárias. Mudanças comportamentais que amadureciam durante várias gerações, ocorrem em uma; progressos pesquisados, elaborados e produzidos no decorrer de décadas entram e proliferam no mercado em meses; informações divulgadas repercutem em horas... minutos, multiplicam-se numa corrida de espermatozoides.

Eis que dispara a adesão global à Era Digital, desejos

humanos em ebulição. Ninguém foi preparado para este cotidiano tecnológico; a sociedade, as instituições não souberam – e nem sabem – como lidar; a ciência, as empresas, os profissionais receberam também o impacto do cavalar consumo de produtos e serviços, do processo incessante de invenções. Todos envolvidos, à deriva no inédito pique de transformação.

Comparar as crises da Era Digital com as outras da Revolução Industrial, como às vezes é possível ouvir por parte de autoridades no assunto, chega a um ponto inviável devido à distância das repercussões da nova tecnologia nas pessoas, famílias e na sociedade.

A Revolução Industrial teve início a partir de 1800. A referência central foi a máquina a vapor na linha fabril com produções em quantidades bem acima das artesanais. Os seus reflexos ocorreram por etapas até a penetração e a completa absorção pela sociedade no século XX. A Revolução Industrial evoluía mundo afora sempre de forma bastante gradual, em focos por regiões e nações.

A Grande Depressão do ano 1929 é outra fase usada para se tentar desenhar cenário semelhante, para buscar razões, explicações para saídas de crises atuais. Período crítico, desalentador, porém muito localizado, bem restrito em comparação ao quadro de crises que assistimos nos últimos tempos.

Qual o fato detonador, o *power* que liga a looooooonga distância entre as crises da Era Digital para as anteriores, em diferentes momentos?

A presença de gulosa tecnologia que **devora** funções humanas, empresariais, profissionais numa exponencial velocidade – já!... e sem fronteiras.

Nos anos 1930 um automóvel da fábrica Ford Motor Company, em Detroit, entrava em linha de produção com sequências de tarefas para milhares de pessoas. Cada carro era montado com peças entregues por cadeia de fornecedores que, também, trabalhava com elevadíssima quantidade de pessoas e outros tantos fornecedores desses fornecedores (no setor industrial a soma desses indiretos pode alcançar milhões de empregos para entrega de peças e prestação de serviços).

Hoje, a escala de produção de unidades e modelos é exageradamente superior, os carros continuam a juntar milhares de itens e fornecedores, mas todas as montadoras funcionam com reduzidas equipes entremeadas por robôs e similares em qualquer etapa de execução e administração. Em 2016 a Mercedes-Benz divulgou vídeo onde os poucos humanos são auxiliares dos robôs.

Na evolução daquela Era Industrial e na Grande Depressão, o número de habitantes nos países era menor, os sistemas de comunicação e transporte eram precários para acessos às trocas comerciais, às técnicas, importações, invasões de filiais que viessem a alterar o modo de vida e cultura das populações. O ritmo era lento, passo a passo.

As nações mundo afora ainda possuíam enorme falta de obras de infraestrutura urbana e rural, de produtos e serviços para casa-trabalho-lazer-serviços públicos e privados, faltas essas que se desdobravam num oceano de oportunidades e cardumes de empregos. Quando as máquinas a vapor começaram a desempregar nas fábricas ou os tratores no campo, multidões tinham vagas no mercado por causa da urbanização, com obras e serviços que exigiam contratações de milhares de profissionais da menor à maior qualificação (comentário ao final deste capítulo).

Desse modo, os momentos econômicos ruins e os avanços tecnológicos da automação tinham adequações pontuais e em prazo suficiente para acomodações de empregos até a crise seguinte.

Na Era Digital, por sua vez... nada fica localizado, regionalizado, o que se chama de solução, de superação, é discutível. Esta Era é cria robusta da Era Industrial, sucessora de grau superior – é denominada a 4ª Revolução Industrial, caracterizada pelo encadeamento invenção-desenvolvimento-produção-comercialização-distribuição-mídia-consumo, máquinas que "se superam" em resultados ***integrais*** quase sozinhas, sem interferência humana. Criam-se novas tendências-hábitos em tempo impossível de ser medido ou acompanhado, em escala e corrente mundial – conexão global!

A tecnologia passou a ditar o ritmo do jogo. A sociedade virou vítima de seus contos de ficção: pela primeira vez a máquina ultrapassa o homem, este perdeu a condição de ter domínio sobre o que ele próprio inventa. A transformação prolifera em velocidade de fibra óptica.

Principalmente com os progressos da inteligência artificial e da robótica, a tecnologia é capaz de executar tarefas, dar resultados em espaço-tempo hiperligeiros – instantâneos! –, com limitadíssima ou nenhuma participação do homem. E nesta fase, na implantação em *zoooooooom* soluções com a eliminação das funções humanas, é que nascem as sementes das últimas e próximas crises. O agravante é que a disseminação não é localizada, é planetária, com estilhaços em nações, empresas e profissionais das pequenas às corporações, quando menos se espera!... Surpresa! "Cadê o meu emprego?"

Para poucos e para todos

Especificamente no campo empresarial, no ***primeiro*** momento (década de 1990 e novo milênio), o domínio da sofisticada tecnologia digital ficou reservado aos grupos econômicos líderes – o mundo nas mãos de ***poucos***. Eles tinham recursos, acessos, implantações e produções. Definitivamente, de uma vez por todas, a avançada tecnologia deu-lhes as pontes – aliás, os viadutos – para que pudessem articular e dirigir os negócios à distância através da máxima competência do quarteto informação-comunicação-logística-transporte. As transações, as decisões em tempo real, produtos e serviços colocados no mercado mundial de forma sistematizada, em semanas ou dias.

As corporações assumiram o mando global dos focos de consumo, dos desejos, das necessidades das respectivas populações, espalharam-se vorazmente. Em 1995, bastava o prazo de sete dias para o empresário brasileiro receber *container* com camisas chinesas a preços quatro vezes menores em comparação com os nacionais. Idêntico o cenário em relação a relógios, bijuterias e inúmeros produtos dos países, principalmente, asiáticos. Em 2002, na Feira Internacional de Petróleo e Gás, no Rio de Janeiro, a maior da América Latina, executivo inglês trocou ideias no estande da Secretaria de Indústria e Comércio da Prefeitura de Macaé sobre um investimento na região. Após colher os dados de interesse, foi ao seu próprio estande, fez reunião virtual com a matriz em Londres, e, em menos de sessenta minutos voltou com decisões executivas para prosseguir com as negociações.

A Secretaria de Comércio Exterior do Ministério do Desenvolvimento recebia – e recebe – apelos periódicos de representativas entidades empresariais brasileiras para adoção de salvaguardas transitórias[27] em restrição às importações de produtos.

Até então, corporações e grandes empresas tinham o mando de campo, a potente tecnologia digital era cara, acesso restrito que impedia a concorrência democrática e generalizada.

No ***segundo*** momento, porém, de 2007 em diante (Cenário na pág. 28), o mundo começou a ficar nas mãos de ***todos*** pelos meios para se chegar à poderosa tecnologia e usá-la em plenitude: acessos – aí, sim, generalizados – aos

27 Recurso de defesa comercial aplicado quando o excesso de importações abala a indústria de um país.

equipamentos e acessórios, em potência, preços, financiamentos, fornecedores; ou seja, empresas de quaisquer portes e empreendedores com possibilidades para aquisição-recebimento-instalação-aprendizado técnico-produção-comercialização.

Surgiram demasiados meios para pesquisar, investir, comprar, empreender com a exuberante tecnologia, e comercializar o que for produzido. Pelo fato de a tecnologia digital ter sempre a tendência para queda de preço, a crescente capacidade e o tamanho compactado, veio outro significativo impulsionador: seu uso em espaços físicos reduzidos, de baixíssimo investimento para instalação e transporte (trabalha-se dentro de um carro!) para levar as tarefas adiante. Sozinho, você hoje é uma empresa! Melhor custo-benefício impossível!

Caiu a obrigação de centenas, de milhares de metros quadrados para montagem de padarias, jornais, gráficas, bancos, confecções, escritórios contábeis ou bibliotecas. Veem-se padarias nas lojinhas de rodoviárias, bancos em autopostos, gráficas nos corredores de *shopping centers*, confecções, jornais, contabilidade e bibliotecas em salas comerciais tipo quitinetes.

A cada dia, propagação do uso de dependências da residência (*home-office*) e divisão de salas comerciais (com o nome horrível de "baias") entre inúmeros profissionais. Arrisco uma previsão: vem aí a implosão de prédios 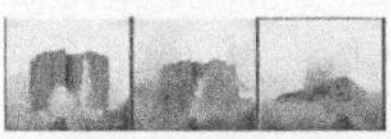, aguardem; a turbinada tecnologia não deu tempo para se rever os espaços e as estruturas de prédios baseados em espaços físicos hoje totalmente engolidos pela compactação tecnológica, pelo *wi-fi*, sugados pelas nuvens!

E assim brotam numerosos negócios em setores cujos gigantes, os líderes do mercado, passaram a ser cutucados por empreendedores de faculdade, garagem, quarto de apartamento – o Facebook, com quatro meses, valia US$10 milhões (US$434 bilhões hoje). Pessoas passaram a atuar como empresas; produtos e serviços chamados de "segunda linha" ou regionais com resultados e sucesso suficientes para invasões de áreas daqueles de primeira linha.[28]

Esse rebuliço no mercado trouxe, nos dois momentos (**para poucos / para todos**), uma coleção de inéditos, bombásticos exemplos que entram para a história do mundo empresarial. Em 2016, Fábio Viegas, Superintendente de TI da Nova Rio Serviços e Facilities, comentou:

"Uber, a maior empresa de táxis do mundo, não possui veículos; Facebook, a número um da mídia, não produz reportagens; Alibaba, a varejista virtual mais valorizada do mundo, não possui produtos; Airbnb, empresa líder de reservas de hospedagens, não é proprietária de nenhum imóvel."

Ah! Acaba de entrar no WhatsApp, enviado pelo Médico, João Carlos Tyll:

"MP3 abalou as gravadoras; Netflix e YouTube abalaram

---

28 "Os ursos saciados devem temer os lobos famintos". Alerta do líder mongol Gengis Kahn ao chegar à fronteira da China com os seus dispostos e precariamente armados guerreiros, e encontrar um exército chinês uniformizado e muito bem equipado.

as locadoras; Booking coloca sob risco agências de turismo; Google acabou com catálogos páginas amarelas e enciclopédias; WhatsApp estremeceu operadoras de telefonia; mídias sociais atravessaram veículos de comunicação; OLX botou classificados de jornal em uma página; celular queimou revelações fotográficas e câmeras amadoras; Zip Car desloca lojas de aluguéis de veículos; Tesla bota sinal amarelo nas montadoras de automóveis; *e-mails*, *sites* e outros mensageiros digitais definharam os correios; *marketing* de rede pulverizou o comércio."

O ambiente ficou empresarial, profissional, coletiva e escancaradamente aberto, nasceu o que chamo de "democracia tecnológica digital". Donos do poder econômico contra a parede, descentralização total. São indiscutíveis, visíveis, as portas para a competição. Ilimitadamente, empresas e profissionais de todos os ramos, formais ou informais, médios, bem ou pouco qualificados passaram a ter entrada nessa supereficiente tecnologia.

A política – sim, a política – vamos citar o impacto também nela. Amiga particular das corporações, da economia, a política entrou na democracia tecnológica: transparência total via *softwares* que cruzam dados com velocidade-precisão, redes sociais mobilizam grupos e povos, independentes ou em conjunto com a mídia tradicional, fotos e vídeos feitos de forma imperceptível lançam denúncias em minutos, dados rastreados nos quatro cantos do planeta provocam a derrubada de governos... tudo numa progressão ligeira, irrefreável!

O *site* WikiLeaks vasculha, leva a público segredos de governos e de agências de inteligência. Nas últimas eleições (2016), o *site* Agência Lupa, especializado em *fact-checking*, pesquisou, conferiu a veracidade das afirmações dos candidatos. Estes foram obrigados a explicar duvidosos envolvimentos, a arquivar os exageros, mentiras (*fake news*), meias-verdades, e assumir claras posições. Estão aí *sites* que fiscalizam contas, orçamentos, decretos e atividades do setor público. No Brasil, operações como a Lava-Jato prosseguem lado a lado com o trio *softwares*-rastreamentos-redes sociais.

Como cidadãos ganhamos poder de vigilância, manifestação e controle; por pressão a transparência sai da demagogia para a realidade.

Tecnologia digital sacode todos na transparência empresarial, social, familiar e política. A ética sobe ao palco, sai de coadjuvante para protagonista na convivência humana e social.[29] Passou a existir a produtiva quebra de sigilos e invasão de privacidade.

Há excessos? Sim, estão aí em inúmeras polêmicas sociais e jurídicas (*fake-news*, robôs fofoqueiros, plágios, digitalizações não autorizadas etc.), mas com os anos acontecerá a livre e construtiva normalidade. Antes, eram feitas censuras, conduções perversas, cercos à li-

29 O clima de valorização estimulou este autor a criar a palestra *Ética é lucro*. A propagação da ética no Brasil era vista como secundária, um complemento, verniz, mas agora ganha prioridade por força da transformação.

berdade, criatividade, às atitudes, manifestações individuais e coletivas.

Bem, vamos em frente, de volta à economia e negócios, o que se assiste é uma batalha campal: pequenas e médias empresas invadem mercados das grandes, que invadem mercados das pequenas e médias; enquanto pequenos e médios exportam, as grandes conquistam bairros e cidades do interior! Batalhas travadas na rede, no chão, nas nuvens.

Quatro propulsores da competição na luta diária pelos consumidores:

Internet - informalidade - ambulante - *shopping*.

- A força da *internet* 24 horas dispensa argumentos. As três barreiras para que o comércio eletrônico fosse vitorioso estão resolvidas: acesso aos computadores (ter o equipamento e efetivar a compra), segurança (sigilo de cadastro pessoal) e credibilidade (recebimento do produto ou atendimento do serviço). As barreiras ruíram, os números dão saltos olímpicos em bilhões de consumidores em navegação na rede. Com *smartphones*, *tablets*, outros equipamentos possantes, portáteis, *lan houses*, *cyber-cafés*, o consumo é resolvido nas mãos de segunda a domingo, 24 horas no ar. A internet das coisas (*Internet of Things* – IoT), em quatro anos, atingirá 14 bilhões de "coisas" conectadas para trocas, vendas, compras e doações. Lojas físicas abaladas ou sustentadas pela fusão com o comércio eletrônico (no Brasil, encomendas nas lojas virtuais saltaram de R$11 milhões anuais em 2006 para cerca de R$200 milhões em 2017 (Fonte: ABComm).

- Na *informalidade*, em média, encontram-se 60% dos brasileiros. Os governos no Brasil e de fora apoiam projetos, ações empreendedoras informais e de mínima formalidade; instituições empresariais aderiram a essa opção. Dispararam as ações empreendedoras de diferentes modelos, e *startups* ganham projeção pela facilidade para expansão em escala com baixíssimo custo.

- *Ambulantes* de vários perfis continuarão perseguidos pelos fiscais, só que não vão ser extintos por causa da diversificação e abundância de produtos fabricados com viável investimento. Mais de 50% dos consumidores no Brasil compram produtos piratas. Vão permanecer no quadro da proibição legal, porém com aceitação social: podem diminuir em função desta ou daquela fiscalização, só que continuarão a "dar crias". Ah! Inclusive nos formatos quiosques, barracas, feirinhas e transportáveis (veículos em circulação montados como lojas ou lanchonetes tipo *food-truck*).

- *Shoppings* manter-se-ão em expansão, oferecem o agradável conforto. Lazer, gastronomia, estacionamento, segurança, alternativas para compras e serviços num só e aprazível lugar – endereço perfeito para consumo, passeio, relacionamentos pessoais, familiares e profissionais.

Uma das evidentes repercussões do *tsunami*, do alvoroço empresarial causado pela Era Digital está na tensão das corporações. Gigantes tradicionais fazem assíduas arrumações, mudam ações sem o devido planejamento, cometem falhas grosseiras, adotam estratégias dúbias ou infundadas, e perdem mercados – notícias sobre este cenário já são normais. Num refluxo, grandes empresas por fora com embaraços de pequenas por dentro.

Greg Brown, executivo-chefe da Motorola, declarou em 2011: "Nossa empresa perdeu receita porque não percebemos com suficiente rapidez como os celulares evoluíam de simples aparelhos de ligações telefônicas para máquinas refinadas de navegação na internet e envio de *e-mails.*"

Incompetente? Desinformado? De forma alguma: mais uma ilustre vítima da velocidade. E, em 2013, celulares começaram ser aperfeiçoados como máquinas para fotos, filmagens, aplicativos, além de mil funções que engrossam os seus manuais.

Para Greg Brown sentir-se inocente, bem acompanhado, outra surpresa da reviravolta tecnológica em 2011: curioso, perguntei a um experiente executivo do setor de bebidas como as líderes do mercado de refrigerantes podiam permitir que uma mera tubaína (refrigerante regional) conquistasse 25% do consumo do nordeste brasileiro. Ele respondeu: "Você sabe o que é preciso para montar fábrica de bebidas? Em quanto tempo? Em quantos metros quadrados? Com quantos funcionários?"

Fiquei surpreso, anotei outra surpresa do que viria a ser padrão na Era Digital: máximo de tecnologia na estrutura e produção, mínimo de pessoas.

Aos tropeços, as corporações avançam pela óbvia capacidade para idealizar produtos, serviços, agir em cima de tendências, forçar vendas agregadas e, principalmente, pelas fusões, aquisições e cartéis em cima dos concorrentes que morderam as suas significativas fatias de consumidores. A tubaína citada no parágrafo anterior foi comprada pela multinacional daquele executivo.

E assim, atitudes impensáveis continuaram, grandes empresas voaram aos negócios antes desprezados, começaram a idealizar modelitos *express*, plantão ou quiosque para atração de públicos das pequenas e médias; a fazer carinho nas classes C, D, E; corporações internacionais de consultoria e auditoria deram início a programas para empreendedores, pequenos e médios empresários que tenham algum indicativo de segurança – em específico, perfil *startup*.

Concorrentes menores contra-atacam com os seus preços, maior agilidade, produtos e serviços que atendem expectativas, que resolvem, matam desejos mesmo sem a plasticidade das famosas *griffes*. Agora nem "todo barato sai caro", haja vista recorrentes notícias de sucesso de marcas próprias & cia. Em abril de 2011, a Pesquisa Nielsen previa o que se consolidaria:

"Consumidor das 11 maiores economias do mundo, inclusive Brasil, diminui gastos e migra para produtos baratos."

Naquele ano a competição começava a virar feira livre de vale-tudo: hoje farmácia vende biscoito, supermercado tem pneu, banca de jornais carrega celular, livraria tem lanchonete, praças com academias, autoposto com loja de – multi – conveniências... internet, tevês e *call-centers* são opções domésticas, regionais, nacionais e internacionais de sol a sol!

A 4ª Revolução Industrial fechará o processo de automação, de poder da tecnologia, de deslocamento do ser humano do mercado de trabalho. Uma cotovelada certeira para tirar do jogo.

Sem emprego, existe dinheiro para comprar o que a tecnologia produz?

Um fato forte, sarcástico, traiçoeiro por falta de visão da sociedade: o ser humano que é... empresário, cientista ou inventor que visa progressos tecnológicos para obter soluções e melhorar produção, aumentar receita e reduzir custos... é também quem irá reduzir empregos, achatar salários e, consequentemente, impedir o consumo na quantidade desejada daquilo que ele próprio produziu.

Para serem competitivas, é evidente que as empresas devem manter um nível de inovação em máquinas. As da Era Digital, entretanto, engolem empregos como se fossem sorvetes. Desemprego e subemprego tiram das pessoas o poder de compra de produtos e serviços, inclusive, é claro, da própria empresa que tanto investe em tecnologia! Máquinas em funcionamento geram receita, lucro, só que depois não consomem, não vão às compras (abordagens em páginas adiante).

A consultoria McKinsey & Company, uma das líderes mundiais, estima que 45% das tarefas feitas por humanos poderão ser aceleradamente automatizadas nos Estados Unidos, o que representará quebra de US$2 trilhões de salários anuais.

O cientista Martin Ford, autor do livro *Rise of robots – technology and the threat of a jobless future*, publicação considerada Melhor de Negócios 2016 (jornal *Financial Times* e consultoria McKinsey), sugere pacto social para garantia de renda a todos os cidadãos, pelo fato de que terão crescentes barreiras para encontrar meios de entrada e de permanência no mercado de trabalho:

"Será uma alternativa para manter consumo nesta sociedade em que a riqueza concentra-se na tecnologia e ameaça as populações."

E EU NESSE CONTEXTO?

Onde estão os gurus com as sábias previsões? Aqueles ensebados acadêmicos, perfumados consultores, posudos economistas que recebem cifras milionárias para acertarem no alvo?

A Era Digital deixa todos zonzos, perdidinhos... O equívoco está na aflição e ilusão de que ainda podem ser videntes.

Este período de intensa, incontrolável transformação é movido por conflitos, riscos, propagação de tendências, reações inesperadas, de rumos para tentativas de definições futuras. O presidente mundial da Coca-Cola, James Quincey, com a bagagem que o promoveu ao concorridíssimo cargo, afirmou humildemente na sua posse em 2017:

"Confesso que o meu conhecimento é menor do que o que acontece no mundo hoje, precisamos rever a nossa estrutura e adaptar inovações na mesma velocidade."

Em linha semelhante, Henrique Luz, sócio sênior e membro do comitê de liderança da PwC Brasil (Pricewaterhouse-Coopers), afirma, com o suporte dos seus 42 anos de atividades em auditoria e consultoria na PwC:

"Tecnologias digitais transformam os negócios de maneira significativa. Os profissionais e as empresas passaram a ter acesso imediato a todas as informações, fatos e meios para a produção. Independentemente do porte, para serem bem-sucedidas e garantirem a sobrevivência, as empresas terão de ser autodisruptivas e altamente resilientes para serem capazes de adaptar-se a novas demandas de seus mercados consumidores."[30]

---

30 *Disruptiva*: Inovação, especialmente tecnológica, capaz de derrubar produto ou serviço já existente e estabelecido no mercado. (Fonte: www.dicio.com.br.)

Resiliência: É a capacidade de o indivíduo lidar com problemas, adaptar-se a mudanças, superar obstáculos ou resistir à pressão de situações adversas – choque, estresse etc. – sem entrar em surto psicológico, emocional ou físico. (Fonte: Wikipédia)

A realidade é que a Era Digital traz a ininterrupta *pulverização, diluição* da *competição*, do *consumo* e da *renda*. Por um lado, deliciosamente, apresenta prateleiras de produtos e serviços com viáveis preços e prazos de pagamento para se ter prazer total (leia na pág. 57: Três eficiências de irresistíveis seduções da tecnologia digital).

Por outro lado, na frenética balada da ciência, das invenções, investimentos dos grupos empresariais e globalização, a tecnologia digital iniciou a invasão das funções de trabalho antes ocupadas pelas pessoas. Ela permite que as empresas façam a redução drástica de funcionários com enterro de inúmeras especialidades. Máquinas podem ser acionadas à distância, por programações automáticas ou por voz – o comando telepático já em testes finais. Tomam vagas, ficam autônomas com a inteligência artificial. Estão entre nós os sistemas tomadores de decisões, determinam caminhos e impedem as interferências humanas. Virá mais um impacto quando esses sistemas, ao invés de simplesmente obedecerem, derem a resposta: "Não faço."

A união de duas pontas dá o tom de importância e complexidade à questão:

1. Enquanto nascem as pessoas, são inventadas máquinas que vão tirar até completamente os espaços das pessoas.[31]

---

31 Uma briga antiga pode ter retorno na mesma concepção, mas totalmente sob nova roupagem. Em 1812, na arrancada da Era In-

2. Fórmula para qualquer empresa ser competitiva com ou sem crise: máximo de tecnologia, mínimo de pessoas – e bem treinadas –, a rigor no Brasil, um dos recordistas mundiais de impostos. Por causa desses, um funcionário custa o dobro ou mais, conforme segmento de atuação e obrigações trabalhistas.

Estas pontas abrem a disputa Natalidade Humana x Natalidade Tecnológica, cujo resultado será a vitória do desemprego com o subemprego colado logo atrás. Exagero?! Vamos adicionar mais fatos:

Em 19 de maio de 1997, o jornal *O Globo* publicou reportagem que entraria para a história, o título foi: "Greve sai do vocabulário do ABC: Congresso dos Metalúrgicos chega à conclusão de que negociar é melhor do que cruzar os braços".

Embaixo, foto de 12,5cm x 28cm do presidente da Central Única dos Trabalhadores, Vicentinho, contraído, mãos

---

dustrial, em protestos, os trabalhadores chamados *luditas* incentivavam a destruição das máquinas: "Elas roubam nosso emprego ou diminuem os salários". O movimento tomou proporções. O parlamento inglês chegou a aprovar lei de pena de morte pelo crime de depredação de máquinas nas fábricas. Em 1818, foi a vez do manifesto dos desempregados e subempregados tecelões contra "as máquinas que roubam trabalho".

Ludita tem origem em Ned Ludd, operário inglês avesso ao regime de trabalho nas máquinas de tecelagem, que foi condenado a chicotadas por baixo empenho na função. Em resposta, Ludd destruiu com martelo a máquina em que trabalhava. (Fonte: Wikipédia) coladas ao rosto por causa do "não" dos 120 mil sindicalizados para a greve. Sintomas do desemprego levavam a classe à negociação corpo a corpo com os patrões, sem intervenção do sindicato.

Em 2000, entrevistado pela revista *Forma & Conteúdo*, expressão muito diferente na foto, rosto sereno, argumentos ponderados, Vicentinho dava o tom radicalmente modificado:

"Trabalhador tem que saber o máximo que puder, formação profissional é indispensável, temos que atuar na qualificação dos associados."

Sindicatos trocavam, então, objetivos como pressionar empresas, promover greves políticas e paralisações, pela meta de qualificar e pedir pela manutenção do emprego dos associados nas fábricas.

As mudanças no comportamento sindical na região do ABC / São Paulo, centro industrial entre os maiores da América Latina, ocorreram devido aos impactos da automação na indústria automobilística: em 1997 montava-se o dobro de carros com um terço dos funcionários em relação a 1967.

Viria a ser cena comum: manifestações sindicais do lado de fora, tecnologia digital e robôs na manutenção da produção em vários setores do mercado.

Outros fatos e brevíssimas anotações que aquecem a Natalidade Humana x Natalidade Tecnológica:

- Jornal *Valor Econômico*, set/2003:

  "Modernização corta assalariados agrícolas para metade dos atuais 4 milhões". O campo ficou bem menos fértil para empregabilidade. Recordes de colheitas e de... automação, com máquinas nos hectares antes abarrotados de trabalhadores rurais.

- Revista *Veja*. mar/2009:
  "Em apenas 5 *sites* de empregos, 7.700.000 currículos cadastrados". Imagine o volume se computados todos os *sites* e publicações de emprego.

- *Site* de empregos Catho. 1º semestre/2015:
  "Vaga para 01 executivo, R$200 mil anuais: 400 currículos em dois dias". Além do pouco atraente valor para a função de executivo, não informava sobre bônus; mesmo assim, centenas de currículos em 48 horas.

- *Site* Valor Econômico. dez/2016 e jun/2017:
  "Bancos estimulam clientes para atendimento digital". Em 2015, 57% de 54 bilhões de transações bancárias no Brasil foram feitas por meio de aplicativos ou *internet banking*, e não através das equipes. De janeiro a maio de 2017, foram fechadas 929 agências físicas.

Cinco pontos que engordam o desemprego começaram a torná-lo centro das atenções na Era Digital:

- Fim de especialidades profissionais, de etapas de produção nos organogramas e cronogramas.

- Adolescentes e jovens em condições para preenchimento de vagas de adultos no mercado. Executam tarefas de gente experiente por causa do apoio da tecnologia: numa loja de pneus, jovem de 16 anos trocou os quatro de um carro, fez alinhamento e balanceamento sozinho. Deve-se considerar que a massa de multidões que entra no mercado anualmente foi expandida com os recursos que a tecnologia fornece para o trabalho na adolescência. Cabe observar que ficou viável executar um trabalho; ter o espaço para o trabalho é que se tornou complicado.

- As mulheres, que antes de 1990 ocupavam pequena fatia no mercado de trabalho, subiram para mais de 50% da população economicamente ativa.

- Aposentados e pensionistas continuam ou retornam ao mercado por causa da boa saúde, sobrevida e obrigação de aumento da renda doméstica, obrigação esta que é um dos indicadores de falta de emprego. Adultos devem ficar atentos, nos próximos vinte anos a taxa de idosos acima de 60 anos sairá de 11% para 20% na América Latina. Sobrevida também é concorrência.

- Migrações de milhares de pessoas e famílias fermentam o caos no trabalho nas nações desenvolvidas e emergentes.

Estes pontos que engordam o desemprego e subemprego podem ter suplemento para a obesidade mórbida. Acompanhe:

Em paralelo aos acontecimentos no mercado de trabalho, o sexo corre livre, soltinho a partir da adolescência, promovido diariamente através de *shows*, novelas, filmes, mídias, redes sociais e publicações em geral. Alguém pode mostrar como contraponto:

"Espere, precisamos considerar que a natalidade tem caído."

Sim, correto, porém, deve-se levar em conta a *sobra*, o passivo de gente de anos e anos de natalidade elevada, a subida *constante* dos índices de nascidos vivos e de longevidade devida à eficiência da medicina e da estrutura urbana. Deve-se levar em conta os bebês do ficar, pegar, transar no embalo do sexo aberto, e então vai-se concluir que a natalidade desce nas estatísticas de "muito alta" para "alta". Na ausência de perspectivas para o emprego, esse "alta" é bastante expressivo, sinal vermelho!

É inadiável o lançamento de arrojada campanha de planejamento familiar nos moldes das que são feitas em relação à AIDS e ao cigarro. Matematicamente impraticável resolver a complexa questão humana, social e urbana da virada do século, com sexo liberado e tecnologia devoradora de empregos. A conta não fecha.[32]

Para valer, a melhor pesquisa para comprovação Natalidade Humana x Natalidade Tecnológica está dentro das fa-

---

32 No Brasil, um em cada cinco bebês é filho de mãe adolescente com 10 a 19 anos. Meninas de 15 a 19 anos têm ao menos um filho e não trabalham. (Ipea/IBGE, 2015)

mílias: bastam minutos de concentração para enxergar-se as aflições dos parentes com emprego, renda, qualificação e, principalmente, horizontes com segurança e padrão de vida. É assunto em casa, na rua, no trabalho, no lazer etc. O subemprego, pouquinho pior, é amplificado pelos achatamentos de remunerações, dos catadores de lixo aos executivos. (Veja *site* www.empresafamiliarconsultoria.com.br. TV Globo. "Empresa familiar como solução para crise". Página Home.)

A gulosa, sedenta tecnologia digital fecha vagas, cargos, habilidades humanas; máquinas, programas e aplicativos vão das tarefas repetitivas, rotineiras, às de interpretação e inteligência. Vale lembrar cenas como a do jovem diretor de grupo educacional de médio porte que faz completa administração com apenas um *software*; a máquina de recapeamento asfáltico que arranca, recolhe e joga as placas na carroceria; o músico que toca sax e usa aparelhagem como se tivesse uma banda atrás; cada colheitadeira no campo dispensa cem trabalhadores rurais por turno; o *e-mail* e suas novas gerações que acabaram com auxiliares de escritório, assistentes e semelhantes; o equipamento *self-service* que quase decretou o fim dos garçons; catracas eletrônicas em estacionamentos, transportes coletivos etc.; os bancos que enxugaram empregos para poucas dezenas por agência; no varejo, depois das prateleiras e bancas *self-service* terem eliminado milhares de comerciários, lojas implantam microssensores e dão adeus a equipes de atendimento... e assim a tecnologia derruba 

, é cruel!

Analistas de mercado e carreira avaliam:

"A Era Digital traz novas oportunidades, ao mesmo tempo em que tira empregos abre grande volume de vagas."

Errado! O número é irrisório se comparado à massa que essa tecnologia desemprega e cujas funções elimina. Veja: eliminar função após uma demissão é não entrar ninguém.

Certo! Esta revolução tecnológica faz muito com quase ninguém:

O popular *site* de vídeos, YouTube, tinha 65 (sessenta e cinco) funcionários quando foi comprado pelo Google por US$1,65 bilhão, em 2006; o serviço de compartilhamento de fotos Instagram tinha 13 (treze) funcionários quando foi comprado pelo Facebook por US$1 bilhão, em 2012; o hoje *faz tudo* WhatsApp, tinha 55 (cinquenta e cinco) quando também adquirido pelo Facebook por US$22 bilhões em 2015. Já a Microsoft comprou o serviço de voz e vídeo, Skype, por US$8,5 bilhões, e nas notícias sequer houve a preocupação em informar sobre o reduzido número de funcionários, em 2011.

Netflix, que até 2010 funcionava como uma *delivery* de DVDs alugados, atende hoje, com o proporcionalmente baixíssimo número de 3,5 mil funcionários, mediante o serviço de *streaming*, mais de 100 milhões de usuários em 190 países.

O processo de automação traz o fenômeno da "desindustrialização" em relação ao emprego e é trágico para qualquer setor. O Relatório Futuro do Emprego, do Fórum Econômico Mundial, informa: até 2020, ou seja, daqui a pouco, 7,1 milhões de postos de trabalho vão desaparecer no planeta devido à automação (inclua consequências diretas e indiretas). Resultado da minuciosa e abrangente pesquisa IBM/MIT – Massachusetts Institute of Technology – 2017 arremata: de alguma forma, 100% das profissões irão se transformar em função da nova tecnologia.

Sistemas de robôs físicos e virtuais vão acelerar a previsão do Fórum pela capacidade para fabricar dezenas, centenas de vezes mais rápido do que equipes humanas, e ainda, com inteligência, precisão, facilidade de controle do início ao fim, valor mínimo de tributos, quantidade desprezível de imprevistos, de faltas, rotatividade e problemas comportamentais. Alô, pense bem, como competir com eles?

Quando os analistas de ilusões dizem que "a Era Digital abre novas oportunidades", centros de logística e distribuição de comércio eletrônico poderiam ser considerados focos para enorme volume de empregos, porém, já usam robôs para carregamento, *drones*, etiquetagem e rede de TI para controle das operações.

Ah! Outro foco poderiam ser as *startups*, mas o conceito é o de número mínimo de pessoas com capacidade para criar produtos e serviços, e ganhar em escala sem abrir filiais, ou seja, com um determinado *software* ou aplicativo o talentoso cria um negócio e faz expansão em curto tempo com praticamente igual estrutura e número de funcionários, conforme citações sobre Instagram, YouTube, Skype, WhatsApp e uma quilométrica fila nas áreas de hotelaria, seguros, comunicação, turismo, automóveis, *call centers*...

Cabe lembrar que a quantidade de empregos indiretos nas *startups* via fornecedores também é mínima, inexiste a chamada "cadeia de fornecedores" em que cada qual teria certa quantidade de funcionários, e que, por sua vez, teria outros tantos fornecedores... E assim sucessivamente, em positiva quantidade de empregos e funções. Num exemplo simples, pare, imagine, calcule a diferença da cadeia de fornecedores de produtos e serviços entre a estrutura de faculdade física, presencial, com aulas diárias nas inúmeras salas, três turnos, e... a faculdade virtual, à distância.

O tão badalado, o espetacular avanço do empreendedorismo está vinculado ao constante surgimento de ideias tecnológicas e tentativas de usar menor número de pessoas contratadas. Tão automáticas quanto a máquina, ações empreendedoras-*startups* acontecem com a tecnologia acima do homem.

Pode-se até incluir o lado mau no uso da tecnologia onde, ironicamente, também nem é preciso empregar grupos de marginais: na série de TV americana Mr. Robot, vencedora do Globo de Ouro 2016, Elliot, técnico de segurança da informação, invade o sistema de uma corporação e o golpe provoca confusão total.

Essa ficção é realidade em notícias periódicas de *nerds hackers* que entram em sistemas de *e-commerce*, área financeira, telecomunicações, governos etc., sem que seja preciso empregar dezenas, centenas, e contratar fornecedores.

Para fechar a coleção de fatos e exemplos desde aquela reportagem do jornal *O Globo* em 1997 (pág. 141), estão aí a indústria, a gestação e o nascimento de robôs:

De 2009 a 2015, voou de 60.000 para 239.000 unidades por ano, segundo a Federação Internacional de Robótica. A robotizada Adidas na Alemanha tem capacidade para fabricar 500.000 pares de tênis por ano com apenas 160 funcionários. A Foxcom, que fornece equipamentos para Apple e Samsung, viu, com as implantações tecnológicas, que poderia demitir 60.000 trabalhadores dos 110.000. Na Amazon, robozinhos separam livros e *drones* fazem entregas. Na medicina, o Watson-IBM, sistema de inteligência artificial com 200 milhões de páginas de conteúdos, mostra diagnósticos de cânceres e indica tipos de tratamentos, em atuação que seria de dezenas de profissionais em semanas, meses, anos de trabalho. Numa linha semelhante, advogados têm acessos a textos prontos para as mais diversas causas.

Na neurociência, estudos de *chips*, de cirurgias com cérebro aberto e paciente acordado. A Toyota e a Vaio lançam robô para uso doméstico por US$392,00, que cabe na mão e tem inteligência equivalente a uma criança de cinco anos. A fábrica de carros elétricos, Tesla Motors, na adolescência (14 anos) em 2017, ultrapassou em bilhões de dólares as ações da centenária corporação Ford Motors Company. Até pedreiros são vítimas: a máquina Hadrian X levanta uma casa em 48 horas, coloca 1.000 tijolos por hora, é só mostrar para ela a planta da obra em 3D e pode começar a morar dois dias depois. Detalhe: também constrói prédios.

De 2000 em diante a produção industrial real estadunidense cresceu 20%, o que é extremamente significativo se avaliados períodos de crises que ocorreram até 2017; porém, o número de postos de trabalho na indústria caiu de 17 milhões para 12 milhões pelo efeito da substituição dos trabalhadores pelos robôs físicos e virtuais. O pior para os excluídos de carne e osso: as taxas de produtividade nunca foram tão elevadas. Na TV Globo, programa Globo Repórter, maio de 2017, reportagem mostrou que a estimativa é de 54 milhões de brasileiros serem substituídos por robôs nos próximos 40 anos – mas, com certeza, esse tempo será bem menor.

Assim, a partir das informações integradas nas nuvens, robôs de perfis comuns e segmentados, baixa e boa qualificação, executam tarefas nas empresas, enquanto pessoas rodam e rolam no mercado de trabalho. Basta fazer a conta de quantos empregos esta Era retira, quantas funções elimina e, nas oportunidades, quantos ela gera, ainda que estejam em setores de aumento de demanda.

Substituição geral! Entra o padrão robô-inteligência artificial nas nuvens, sai o anterior com a desindustrialização. Que tal iniciar o Movimento de Humanização Tecnológica?

A exclusão humana está embutida na presença da máquina desde o limiar da Era Industrial e, é inegável, as suas soluções vão direto à razão de uma empresa existir: lucro. O industrial, comerciante, profissional autônomo, empreendedor, agricultor, enfim, ontem-hoje-amanhã, querem mais por menos para que possam atingir a natural, óbvia finalidade de ter a receita acima da despesa. Na empresa ou trabalho profissional autônomo, a meta é o lucro, ninguém comemora fim do mês no vermelho, ninguém abre negócio para dar prejuízo – só se for o louco fundador de hospício.

Vamos lá, alguém pode até ponderar: empresa também ***é*** realização pessoal, profissional, *é* sonho, *é* orgulho, *é* história... tudo bem, mas para cada "*é*" ela precisa ser lucrativa, estar no azul. Aí sim, uma vez da cor do céu no verão, você vai brindar aqueles "***és***" feliz da vida.

A máquina e, multiplicadamente, a que nasce da tecnologia digital, é a constante meta para alavancar-se a receita, a produção, e reduzir despesas. O retorno faz diferença, aumenta o poder de competição, seja qual for a época. Uma brincadeira para rir e chorar:

Além do não pagamento de impostos e direitos trabalhistas, a máquina não faz reivindicações, não chega atrasada, não tem conflitos existenciais, não pede reajuste, não tem dissídio, não engravida, não entra em férias, licença por doença, não faz fofoca, não cria grupinhos, não tem quedas nas funções ou produção e demais humanas complicações.

Nesse conjunto, a máquina absorve trabalhos, salários

e impostos das equipes, esquarteja despesas e assegura resultados, cada vez mais, com baixa participação humana e alta competitividade. A tecnologia você programa, ela trabalha e faz muito-muito-muito mais por bem menos. Imagine, num *call center*, a diferença entre a compra de um robô, custo operacional e volume de atendimentos 24 horas, e contratação de uma pessoa, custo trabalhista e volume de atendimentos por 6 horas.

A gritante diferença de hoje para outras fases está na quantidade-qualidade proporcionada por uma robusta, turbinada tecnologia, com acesso generalizado por parte das empresas e profissionais de todos setores, regiões e nações.

Mas existe o outro lado, a ser visto com extrema atenção:

Nesse percurso de ocupar vagas humanas, a tecnologia digital traz a competição em larguíssima escala sem possibilitar compatíveis rendimentos às populações, para manter o consumo dos produtos e contratações de serviços. São lançadas novidades diariamente, 24 horas, de domingo a domingo de badalação nas mídias, sedução e pressão para o consumidor comprar; só que a baixa empregabilidade e achatamento de salários provocados pela tecnologia não garantem o esperado e – fundamental – retorno, que são as compras. Tornam-se indispensáveis a saída, o escoamento, a diminuição dos estoques nas lojas, nas indústrias, no campo e, para tanto, as pessoas precisam ter dinheiro para consumir, comprar, alugar, pagar!

Entre os cíclicos ambientes de crises, esta terá o destino de um nó difícil de ser desatado. Em menores espaços de tempo, a automação da Era Digital vai estimular acentuados conflitos sociais. Em síntese:

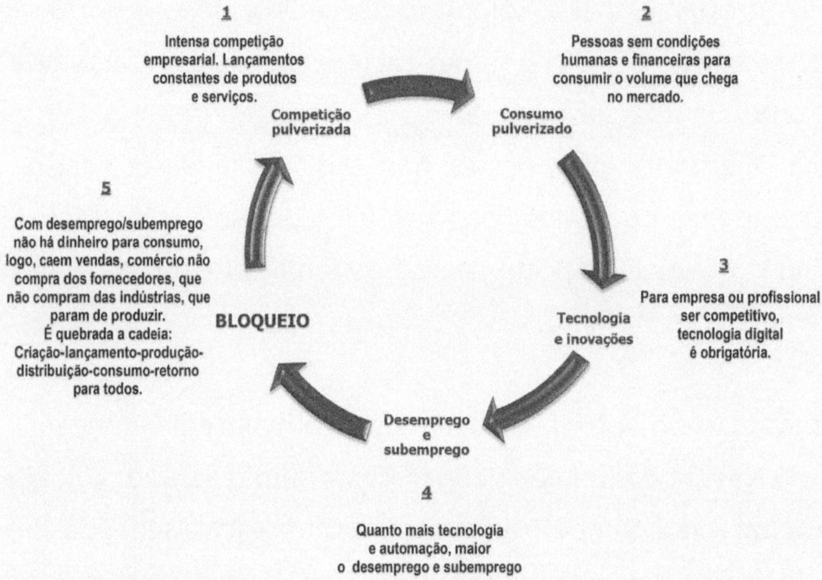

Como agravantes, estão os cinco pontos e complementos assinalados na página 143.

No campo empresarial, conflitos e estresses nos trabalhadores, diretorias e equipes. As questões centrais são as remunerações, a instabilidade em relação ao futuro, obstáculos para o grau de qualificação pelo reduzido número de vagas com salários elevados, hierarquias e promoções sem devido valor para experiência e idade.

A consequência, a saída, tem sido a explosão empreendedora, gigantesca quantidade de pessoas em atividades independentes, carreira solo que implica anos e anos de incertezas, percalços à base de diário suor, e, ainda, na expectativa de algo ideal e seguro. Conversas e discussões sobre renda, trabalho e futuro ficaram assíduas nas famílias de quaisquer posições sociais.

Anote: o bloqueio no reabastecimento do mercado, conforme as setas no quadro da pág. 154, é o estimulante para novas crises empresariais e profissionais, vem aí o caos social por causa dos impactos da tecnologia digital na empregabilidade, consumo e circulação do dinheiro.

No caso do Brasil, esse contexto mantém luz no fim do túnel, aliás, um holofote, a esperança está viva. Observe:

Ao contrário dos países desenvolvidos, no Brasil faltam estradas, escolas, hospitais, usinas, conjuntos habitacionais, viadutos, redes de esgotos, água, luz; em suma, há atacadão de obras a serem executadas por causa da precariedade dos serviços. No *ranking* entre 134 nações, o Brasil está em 78° lugar em infraestrutura.

Por outro lado, o país subiu no palco de preferência dos investidores estrangeiros. O bloco G8, formado pela parcela de poderosas corporações e grupos financeiros, disputa a preferência dos emergentes amontoados de habitantes – Brasil, Rússia, Índia, China e África do Sul (BRICS), ou seja, de consumidores...

O Brasil é um dos líderes mundiais em investimentos. Nas mídias especializadas em economia, a cada semana há notícias sobre instalação de multinacionais em solo brasileiro.

É evidente que o PIB dos países emergentes atinge indicadores extremamente excitantes, brotam vagas, oportunidades, há aumento da renda e diminuição das taxas de desemprego. Porém, não confunda "abertura de empregos em face às atrações do país" com "empregos de boa qualidade, segurança e remuneração dentro das expectativas pessoais e peso do currículo".

Na base da pirâmide é possível ver a diminuição do desemprego e salários achatados; da metade para cima, onde estão os bons empregos, o espaço está apertadíssimo. Veja nos *sites* de emprego a proporção candidato-vaga para gerentes, superintendentes, diretores e executivos. São pilhas de currículos de reluzente qualificação à espera da contratação.

Quem busca opções da metade da pirâmide para cima, vai disputar vagas também com brasileiros que retornam do exterior e milhares de estrangeiros que chegam em busca de melhores posições profissionais.

Vale lembrar que, estruturalmente, os países das economias líderes estão prontos e a tecnologia continua a eliminar espaços: 85% dos postos de trabalho estão concentrados no setor terciário – serviços e comércio –, e 50% dos jovens estão desempregados na Europa.

No encontro entre o enorme atraso em infraestrutura e a entrada de bilhões em investimentos, a verdade é que:

A nossa miséria é a nossa salvação.

A precariedade da nação é que oxigena, ameniza os reflexos tecnologia-desemprego. O Brasil tem dimensão continental, acima de 210.000 milhões de moradores para serem seduzidos pelas tentações consumistas. Segundo a Organização Mundial do Trabalho, especialmente quando aquecidas, as economias emergentes funcionam contra o desemprego.

No refluxo das multidões excluídas, no volume de desempregados e subempregados, de qualificados e não qualificados insatisfeitos, continuaremos a assistir focos de manifestações e comportamentos violentos de várias modalidades em países como Grécia, Espanha, França, Portugal, Estados Unidos e tantos outros, devido às avançadas taxas de desocupação. Declarou o diretor-geral da Organização Mundial do Comércio, Pascal Lamy:

"O que está por trás das preocupações a respeito dos desequilíbrios macroeconômicos, na realidade, são os níveis insustentáveis de desemprego."

Efeito recente pode ser visto na onda do xenofobismo[33]

---

33 *Xenofobia*: Medo, aversão ou profunda antipatia em relação aos estrangeiros; providências de um país contra presença e atuação de pessoas de fora, em particular no mercado de trabalho.

surgida em 2016, frontalmente ligada às ameaças da tecnologia no desemprego humano. Uma alavanca para a expansão da xenofobia foi a inteligência artificial com sistemas, robôs e equipamentos em diversificadas opções, custos baixos e positivos resultados. O presidente eleito dos EUA, Donald Trump, assumiu em janeiro de 2017 e, três dias após a posse, deu início à sua principal meta: proteção ao emprego do seu povo. Fez concessões à Ford, General Motors, Hyundai e Walmart e, em contrapartida, elas asseguraram investimentos de bilhões de dólares nos EUA, incluídas milhares de vagas para empregos que serão abertas. Nos casos da Ford e GM, Trump declarou:

"Voltam para os EUA o dinheiro e os empregos que estavam no México, país que se havia tornado base para produção automobilística. Daqui em diante, as decisões serão tomadas para beneficiar os nossos trabalhadores e famílias."

Convocou:

"Vamos atuar em duas regras simples: compre coisas americanas e empregue americanos."

A pressão tecnologia-desemprego foi razão também para seguidores nacionalistas na França e Coreia, e dessa forma continuarão, com acréscimo aos bloqueios às entradas de migrações de povos de nações pobres e em guerra.

O chamado *capitalismo selvagem* da década de 1960, era político; para valer no campo econômico e social, acontece neste novo milênio.

John Chambers, presidente da Cisco Systems, 47.000 funcionários, referência mundial em equipamentos para redes:

"Vão desaparecer os empregos tradicionais também nas empresas de porte, se bem que 40% a 50% dessas empresas não existirão de forma significativa daqui a dez anos. Cerca de 70% dos novos empregos surgirão das *startups*, das pequenas e médias empresas."

O que ele diz é a aceleração do que acontece e foi citado em páginas anteriores: as principais empresas do planeta são de tecnologia e deixaram na poeira as líderes de setores como finanças, alimentos, siderurgia e petróleo. Para que elas retomem a liderança, terão que prosseguir com as implantações de complexos tecnológicos alinhados com a inteligência artificial.

Os investimentos ouro em estudos científicos, pesquisas e soluções na Era Digital, e a sofisticada capacidade de comando à distância formam uma elite de corporações, que tem a vantagem competitiva de tomar decisões, sistematizar, fazer fusões e *aquisições* em tempo recorde nos continentes. Podem agir rápido mediante concorrências ameaçadoras. Logo, o mundo pode começar a voltar para o poder nas mãos de poucos (reveja *Para poucos e para todos* na página 127); difícil prever, mas é uma possibilidade por causa do porte necessário para adquirir concorrentes, bancar *star-*

tups, rapidez para produzir e jogar no mercado tendências inovadoras.

Neste contexto gente-tecnologia-trabalho, o Egoísmo Saudável pode ser aplicado para gerar conclusões que facilitarão caminhos, e, quem sabe, venham a surgir atitudes que possam resolver a sua vida profissional?

Importante: a seguir vou discorrer sobre cenários, fatos, posturas e ações, descartada a intenção de entrar em méritos de carreira, currículo, análise de perfis e outras técnicas de recursos humanos.

Decisão com a sua cara

Ao enaltecer o país, ao levantar a bandeira de prioridade de emprego para os estadunidenses, ao pedir que a população compre produtos e contrate serviços do seu país, Donald Trump deu os primeiros passos para o Egoísmo Saudável. Se, para manter a bandeira da prioridade para os estadunidenses, continuar a ser combativo, radical e intransigente nas relações humanas, sociais e políticas, ele derrubará o "saudável" e vai ficar somente o "egoísmo" no seu conceito perverso, o que será lamentável.

E assim, neste disputadíssimo mercado de trabalho da virada do milênio, coloque-se na prioridade do emprego para você, *autoxenofobia*, volte-se para dentro, para os seus interesses, mergulhe numa ousada avaliação.

Considere: EU, competência, recursos, oportunidades e circunstâncias.

Interessante na preparação para esse mergulho é o conhecimento de que nós, humanos, temos um *talento inato*, personalizado, que vem acompanhado por *habilidades* (comenta Deepak Chopra no seu livro *As Sete Leis Espirituais do Sucesso*) que poderão ser fartamente desenvolvidas.

Sem acomodações, rodeios, faça perguntas diretas a você mesmo e dê respostas corajosas (fundamental que sejam corajosas):

- Qual o meu talento central? O que sei fazer e tenho total potencial?

- Em quais espaços do mercado o meu talento se encaixa direta e indiretamente?

- Quais as minhas habilidades? Tenho vocação para liderança?

- Em quais espaços do mercado as minhas habilidades se encaixam direta e indiretamente?

De maneira intuitiva, bastante prática, os profissionais

bem-dotados e os considerados gênios sempre mergulharam nos seus impulsos com dedicação intensa ao talento, extraíram o potencial e permitiram seu amadurecimento. Atenção! Não se submeteram a imediatismos, às estimulações externas, pelo contrário, mergulharam no que entenderam ser o dom deles, e esta deveria ser a prioridade. Tornaram-se referência porque exploraram os seus *limites* nas respectivas áreas (leia nomes adiante).

Na concentração de tais profissionais ao talento está a diferença entre conquistar e invadir. Quando você mergulha no talento-foco-intensidade-amadurecimento, virá a conquista; quando permite as interferências externas, a cada momento pensa em um rumo, quer diversificar em função do excesso de opções e acessos, vai acabar na linguagem popular: "matar galinha com metralhadora". Quantos e quantos jovens param cursos no início ou na metade, quantos e quantos empreendedores entram em labirintos...

Há exemplos fáceis, estão aí em conhecidas histórias: é um equívoco destacar o sanguinário nazista Hitler, o astuto francês Napoleão, o aguerrido romano Cesar como líderes que "conquistaram" nações. Somente invadiram, porque pecaram por diversificar sem foco na sustentação dos territórios já ocupados.

Nas guerras com Vietnã e Iraque, os estadunidenses tornaram-se modelos dessa diferença: no primeiro caso, entraram para tomar o país inteiro de uma só vez, atiraram para todos os lados – *tchum! tombaram*; no segundo, estudaram, entraram para tomar o país passo a passo, de acordo com seu potencial bélico e as características das regiões iraquianas – conquistaram.

Então, de volta aos profissionais e gênios, veja que a fama está fechada, centrada no *ponto* do talento:

Jogador Pelé como ***atacante*** de ***futebol*** de ***campo***; Steve Jobs em ***produção*** de ***aparelhos*** modelo ***smartphone*** na ***informática***; Julio Iglesias, ***cantor*** de músicas ***românticas*** para ***adultos*** e ***idosos***; John Wayne ***ator*** de ***cinema*** em ***filmes*** de ***faroeste***; Winston Churchill ***estadista europeu*** na ***política internacional***; Paul McCartney, ***cantor*** e ***compositor*** no ***rock and roll leve...***, e, sucessivamente. rolam filas de famosos. Nenhum foi melhor em tudo, mesmo que na sua área, e, sim, numa especialidade presa ao seu ponto de talento:

"Quando aceitamos nossos limites, conseguimos ir além deles", assegura Albert Einstein, nome mundial da física, autor da Teoria da Relatividade Geral.

Ser humano não é multitalento, multitarefas, multisoluções, e, quando assim age, vira multidoenças, alegria dos médicos – alô, *delete* multiopções!

A dedicação com convicção ao que é capaz, com foco, intensidade e tempo para amadurecimento é que vai puxar o talento e as habilidades dos impulsos para as alturas. Você se sente seguro e o mercado capta, adere, sente confiança.

Sejam, porém, talento ou habilidades, nesse mergulho o ***entendimento do seu espaço*** é algo especial e estratégico. Uma comparação pode ser feita com o popular ditado "cada macaco no seu galho". A frase comporta mais do que a pessoa ater-se à sua condição, do que ficar no seu espaço sem incomodar um grupo. Puxe por imagens, compenetre-se na cena dos divertidos primatas na floresta. Eles são diferentes em altura, peso e elasticidade, pulam em galhos com variações em comprimento e grossura. Os galhos mudam de formato do tronco à ponta, os macacos dão saltos de todos os tipos. Os galhos não quebram, eles não caem.

Conseguem fazer a exata adaptação entre o que possuem de massa corporal-talento e a estrutura-espaço que os galhos oferecem. As árvores e os galhos são parecidos, são fixos; o que dá o tom, faz a diferença, é a capacidade de cada macaco para saber em qual parte deve agarrar-se, como ocupar a árvore, o que quer naquele local, qual o seu espaço e qual o dos companheiros.

Logo, entenda o seu potencial, comece a agir no mercado e, se for caso, siga na direção de um projeto profissional.

Ainda no estudo de espaços, avalie o sentido inverso: do **mercado para você**. Procure, bisbilhote, analise – muito – o comportamento das pessoas na sociedade em inúmeras situações, ambientes; veja o que elas precisam, o que não encontram ou que gostariam de ser mais bem atendidas.

Nas manias, nas expressões, nos gestos, elas dão as dicas sobre o que querem consumir, comprar, negociar. Seja incansável nas buscas pela internet. Às vezes o futuro está do seu lado, você tenta busca-lo lá longe e fica cansadinho(a). A maioria dos produtos e serviços famosos surgiu dessas observações de mercado, de comportamento, de tendências e carências das pessoas (clientes / consumidores).

Igual posição dentro de uma empresa para crescer e ser promovido: circule, acompanhe atividades, departamentos, faça relacionamentos: as informações e tendências chegarão a você como a um ímã.

No campo das alternativas compatíveis com seu talento e habilidades, pense na sua relação com a tecnologia: como interfere, como pode ser parceira, adversária, o que pode ser ampliado, o que ela não faz e requer competência humana. Esse ponto deve ser visto como solução para hoje e amanhã,[34] reduzirá bastante a entrada de novidades tecnológicas que possam tirá-lo do emprego ou do mercado. Atenção para a onda de aplicativos, ela torna essa avaliação de influência da tecnologia indispensável para

---

34 "A inteligência artificial vai avançar e transformar o mercado de trabalho. Quase 80% dos empregos que existirão em 2025 ainda não foram criados. Dedicação às atividades que exijam relacionamentos, competências interpessoais devem ser o objetivo" . Martin Boehm, 39 anos, reitor da IE Business School, líder mundial como "Melhor curso MBA online" no *ranking* do jornal britânico *Financial Times*.

qualquer perfil profissional, independente de idade, sexo, região e experiência:

De 2004 em diante piorou a falta de previsão para a interferência e domínio do emprego pela máquina, por causa da facilidade para se criar aplicativos – sistemas muito práticos para soluções de dificuldades, das simples às complexas, que podem ser *softwares* e extensões de *softwares*. Plataformas abertas de sistemas operacionais viabilizaram a criação e proliferação de aplicativos pagos ou gratuitos, avulsos ou expostos em lojas virtuais.

A inovação Uber é um exemplo que mostra de forma bastante cristalina tal quadro. A princípio, é lógico, claro, que uma das profissões totalmente fora de ameaça pela tecnologia digital seria a de motorista de táxi. Trabalho que requer carro, gente para dirigir, que saiba se relacionar para receber ou buscar passageiros, que conheça rotas para levá-los e que esteja ao lado dos passageiros para o pagamento pelo transporte. Igual cenário serve também para profissionais de tarefas similares de transporte de passageiros.

Só que, em 2009, surpresa!!! Entrou na pista do mercado o aplicativo Uber Technologies, e, com pé no acelerador, atropelou os tranquilos taxistas em mais de cem países. Sacudida uma profissão com setenta e tantos anos de existência, com cooperativas, sindicatos e outras instituições que asseguram a atividade profissional, operacional e legal. E anda em testes o carro automático, a ser solicitado por aplicativo, com rota por aplicativo, pagamento por aplicativo e... sem taxista ou uberista!

Essa nova relação digital entre clientes, profissionais e empresas desencadeou o que a revista *Veja* chamou de "uberização": assim como o Uber conecta o passageiro com alguém que irá transportá-lo, já existem aplicativos que conectam pacientes a médicos para atendimento em casa; clientes a cabeleireiros, massagistas e manicures em domicílio ou local de trabalho; recreadores a condomínios e festas; cozinheiros e garçons para montagem tipo restaurante no local que a pessoa desejar; equipe para lavar carro onde as pessoas estiverem (garagem de casa, trabalho, estacionamentos...); e tantos outros modelos de conexão na linha Uber em invenção neste instante.

Então, no que diz respeito à tecnologia, você deve estar atento à possibilidade da eliminação ou redução do seu potencial na função profissional, ou então, no lado positivo, aos meios para adaptação e capitalização da tecnologia para evolução mais rápida e consistente do seu talento, das suas habilidades. Submetê-la a você. Nesta hipótese, faça esforços nos treinamentos com a sua chama empreendedora, para tornar-se produtivamente capaz no uso dos recursos oferecidos pelas máquinas, *softwares* e aplicativos, ou criar o seu negócio. Veja o completo exemplo desta fotógrafa de barco turístico na Patagônia:

Num mínimo espaço de frente para os assentos de passageiros, ela colocou mesinha, *notebook*, tela-TV, impressora e *banner* bilíngue; durante o passeio pelas ilhas, ela fotografa e filma os turistas deslumbrados com pinguins, lobos marinhos, aves, geleiras; entre ilhas, exibe para os turistas as lindas imagens personalizadas na tela-TV; eles compram ali mesmo a inesquecível lembrança da viagem.

A profissional, que era somente fotógrafa, aliou tecnologia, foco, talento e soluções às necessidades das pessoas – ela entrega os produtos de seu trabalho na hora, em CD, *pen-drive*, impressão ou envia por *e-mail* quando o barco atraca no porto. Pacote fechado.

Nesse contexto, no entendimento do seu espaço, da sua competência e mercado, inclua estas opções para decidir sobre o seu propósito com maior clareza:

- *Empresa familiar*. Uma opção que pode estar embaixo do seu teto, diante do nariz, em torno de você. Pense, repense o que pode ser feito em conjunto com parentes: uma família empreendedora, por que não? Se já existir a empresa, o que pode ser acrescentado, aperfeiçoado? E as empresas de parentes ou de famílias conhecidas por amizade ou negócio, como andam? Quais planos, quais oportunidades teriam para você? O que pode levar para elas como sugestão?
  Lembre-se: dentre as empresas de quaisquer ramos, ta-

manhos e regiões, em média 85% são familiares. Nada mal um diálogo entre parentes a respeito do empenho coletivo para gerar-se maior renda doméstica, aumento do patrimônio, garantia para as atuais e próximas gerações. Defender, marcar território é solução épica e vitoriosa – um por todos, todos por um (conheça os *sites* www.empresafamiliarconsultoria.com.br / www.sucessaoempresafamiliar.com.br).

- *Concursos.* Opção em que pode haver realização profissional – dependerá do seu propósito –, abre as portas para salário regular, benefícios, margem de segurança. Salários podem variar de razoáveis a excelentes.

- *Empreendedorismo.* Os bem-sucedidos, que chegaram ao topo, trabalharam persistentemente, começaram sequinhos e tomaram banhos e banhos de suor: falharam, corrigiram, superaram-se na longa jornada com a autoconfiança de que a meta, o destino, estava cada vez mais perto. No seu livro *O Ponto da Vitória*, o empresário Eduardo Machado mostra que os empreendedores indicados como referência pelas suas histórias fixaram-se, durante a trajetória, no que ele define como "pontos de sucesso". Nas oscilações de erros e acertos, fases boas e ruins, esforçaram-se diariamente com a mente focada nos fatos positivos e nas tendências que sentiam como promissoras. Na frente, quando começaram a sentir o gosto da vitória, descartaram as acomodações pelos elogios e aplausos, e continuaram a lutar pela soma dos fatos positivos, dos pontos de sucesso.

Palestras motivacionais, algumas circenses, e românticas reportagens, costumam transmitir que "basta um objetivo e esforço", passam uma ilusão que acaba por influenciar para erros e desistências pessoas com excelentes aptidões. Não é fácil ser empreendedor, é um triatlo.

No idealismo empreendedor neste território verde-amarelo, estimulante é a quantidade de oportunidades, por ser um país emergente.[35]

- *Currículo com projeto próprio*. Empresas do século XXI buscam soluções pontuais, localizadas, e querem resolver pendências de forma sólida. Procuram profissionais com ***capacidade solucionadora*** para problemas ***específicos***, reclamam porque não os encontram. Logo, ter currículo com qualificação adaptada aos novos tempos e projetos executados com início-meio-fim faz a diferença, torna possível preferência na contratação e salário acima da média. A pessoa deve ir diretamente à

---

35 Provérbio japonês: "Faça, empreenda, busque os ideais enquanto eles dormem, estude enquanto eles se divertem, persista enquanto eles descansam, e você vai atingir e viver o que eles tanto sonham."

empresa e mostrar, através dessa qualificação ou projetos realizados, que ela tem a solução para determinada demanda. Ou ainda, procurar investidores para negócio próprio a partir do comprovado talento.

Seja qual for a opção, o ideal é conquistar o espaço em você e no mercado com o trio:

Realização (alegria e orgulho);

Remuneração justa (recompensa e dignidade);

Segurança (tranquilidade hoje e amanhã).

Quem não quer?

O Egoísmo Saudável pode fazer a condução para as atitudes:

- Mergulhe em você para entender os impulsos, o principal talento e as habilidades.

- Qualifique-se, esteja pronto para atender oportunidades do mercado como empresário ou na empresa como profissional. No mergulho, escreva na testa: "É a MINHA vez!"

- Envolva-se em relacionamentos produtivos com pessoas e grupos que, para valer, possam colocar degraus nas suas metas. Tire da frente a montanha de informações e contatos ótimos só para "botar conversa em dia". Com o seu egoísmo, filtre as redes e mídias sociais, e tudo o que chega a você do mundo exterior: Primeiro EU, o que acredito e que vai servir para mim.

Se não fizer este exercício, perderá foco com facilidade e depois vai fazer parte de uma fileira que resmunga e enche a paciência dos outros com lamentações do tipo: "Estou perdido, cheio de dúvidas."

- Analise o mercado em duas vias: de você para ele e dele para você.

- Jogue fora a tão falada frase: "No mercado tem espaço para todo mundo." Em algum lugar do passado, foi assim, na Era Digital esta frase leva ao fracasso. Lute pelo seu lugar ao sol com força e com a certeza de que, se atuar com excesso de desprendimento e de compartilhamentos, terá a cara de quem foi barrado numa grande festa porque perdeu o convite...

- A cada conquista, no pique das superações, das vitórias, aí, sim, começa o lado saudável do egoísmo: procure dividir para somar. Dê consistência aos avanços e às relações com as pessoas que alavancaram os êxitos, os seus degraus.

Sem asquerosa arrogância, mas também sem excesso de

humildade, vá para diante do espelho, curta os seus resultados, dê parabéns para si!!! Bote um *rock*, solte a frase de Geraldo Vandré a cada manhã:

"Quem sabe faz a hora / Não espera acontecer!"

E prossiga, porque há muito por fazer, seja qual for a idade.

CAPÍTULO 6

"Precisamos sair do automático, voltar a usar o tempo e a inteligência, faz um bem..."

Era do Conhecimento
X
Era do Emburrecimento

Particularmente nas áreas da educação e neurociência, reportagens dão crias sobre a relação entre tecnologia digital e inteligência, publicações com debates sobre se os avanços em máquinas, ferramentas, *softwares* e aplicativos baseados na velocidade aumentam ou diminuem a capacidade de pensar, de ter-se ideias próprias, melhor ou pior memorização; em suma, sobre quais são os efeitos da elevada facilidade para informar-se, pesquisar e *copiar-colar* nos principais diferenciais humanos chamados inteligência e memória.

A história do nosso planeta está repleta de discussões sobre a influência das máquinas na vida das pessoas, pontos positivos e negativos na relação tecnologia-gente. São amplas, divergentes visões, pensamentos, conceitos e conclusões em cada contexto: familiar, científico, pessoal, profissional, regional, religioso etc.

Nem mesmo o pensador e teórico da comunicação, o canadense Marshall McLuhan, no seu clássico livro *Os Meios de Comunicação como Extensões do Homem* (1964), conseguiu prever a tamanha penetração e a abrangência que uma tecnologia poderia vir a ter na mente humana; jamais poderia imaginar o domínio das máquinas sobre o comportamento humano individual e coletivo. Porém, sinalizava com um correto palpite:

"As descobertas tecnológicas miram nas soluções para alívio dos esforços do nosso corpo, para redução do *stress* físico. Por outro lado, poderão produzir um *stress* psicológico muito mais exaustivo e problemático."[36]

Nesse polêmico circuito da relação entre tecnologia digital, inteligência e memória, os caminhos do pensamento e da educação abrem incontáveis subsídios para reflexões.

O ato de pensar do ser humano, que acontece a cada milésimo de segundo em conjunto com o instantâneo sentir, usa inteligência e memória para captar, absorver, entender o que se passa na cabeça, no ambiente em que a pessoa se encontra – sensações, atitudes, emoções, imagens, falas, pensamentos, sons, cheiros.

Para funcionar e evoluir, o pensamento exige combustíveis, a inteligência e a memória não nascem prontas; se

---

36 De Galileu Galilei, cientista italiano, 1564-1642: "Sustento que a única finalidade da ciência está em aliviar a canseira da existência humana. Mas as novas máquinas trarão novas aflições. Virá um precipício entre os avanços da ciência e a humanidade com um todo." Ecos dos alertas de Galileu e McLuhan ocorreram com os movimentos *hippie* e contracultura, na década de 1960.

assim fosse, teríamos a seleção e a distinção dos tapados aos gênios, assim como temos perfis de sexo, raça e local de nascimento. Memória oferece condições para comparar, avaliar, raciocinar – plataforma da inteligência.

A diferença entre a tecnologia digital e as demais que tivemos e temos, está na *velocidade* e no *modelo* de *fabricação* de pensamentos, de tendências e atitudes que adulteram os combustíveis; os seres humanos passaram a funcionar por *atalhos*, começaram a ter a mania da pressa e de encurtar caminhos, o que não é aceito pela sua própria natureza. Traiçoeiramente, pela expressiva capacidade de sedução, sem que eles percebam, essa tecnologia digital corrói a inteligência e a memória... um vírus!

Conforme a constituição original *Homo sapiens*, o ser humano, em velocidade maior ou menor nas suas atividades do dia a dia, tem a natural necessidade de dar espaço para o pensamento, para o tempo, para o melhor conhecimento do que acontece num dado instante, à sua volta:

O que fazer? Quais as opções?

Até porque ele não é e nunca será figura isolada, "um sozinho". Está ligado ao mundo exterior, aos fatos, às outras pessoas, situações anteriores, efeitos ou consequências das suas atitudes.

O passar de dedo ou comando de voz no celular para desencadear uma decisão ou simples atitude, normalmente, não respeita a forma original de pensar, o refletir detalhado ou aprofundado. O tempo é obrigatório para escolhas serem bem feitas. Nele encontram-se os combustíveis diálogo, leitura e escrita, que não podem ser adulterados, diluídos. O ritmo, porém, da velocidade digital imprime incessante vaivém de textos, telefonemas, imagens, vídeos, áudios... ruge a tempestade de informações, estímulos e exigências de retornos que começam ao acordar e terminam ao dormir – quando não varam a madrugada! Tempo, paciência e memória são tratados como desnecessários, ultrapassados, perderam campo para o imediatismo, a incontida ansiedade e os acessos ligeiros, abafam o que deveria dar fluxo ao raciocínio.

Na fabricação de pensamentos, de tendências e atitudes pela tecnologia estão os meios para fazer as pessoas agirem rápido!, já!, sem toda a qualidade do uso da inteligência, do raciocínio e alguma reflexão, se preciso.

A tecnologia digital cria, desenvolve, produz e – se for o caso – ainda vende e entrega! Ela é início-meio-fim na base do *copiar-colar* através de *softwares*, aplicativos e ferramentas apoiadas pelas máquinas da informática e pela sistematização da rede internet.

Nos períodos anteriores da humanidade as máquinas mantinham vivos o pensamento, a inteligência, a memória e certo número de pessoas em torno delas, não penetravam no comportamento e nem bagunçavam o íntimo dos relacionamentos pessoais e familiares. A tecnologia hoje inibe ou elimina o pensamento, individualiza o ser na sociedade. Vemos gente ligada a vários grupos em redes e mídias, mas volta e meia temos a notícia da quantidade de angustiados, ansiosos que dão alegria aos terapeutas ou inundam a internet de textos carentes, fotos "aéreas" e felicidade oca. Estão aí universidades, clínicas, portais com programas para dependentes em tecnologia.

O fato – muito – especial é a capacidade dessa tecnologia de dar ao mundo exterior um vigor, uma dimensão superior à absorção, ao entendimento e controle por parte do próprio ser humano. Ela no comando, ele dependente, submisso, refém; daí vive em grupos sob as ordens *on line* disparadas pelos viciantes equipamentos e acessórios. Você precisa de determinado serviço, de um retorno sobre orçamento, por exemplo, e a atendente diz:

"Caiu o sistema."

Ela fala com a maior tranquilidade e você acata; afinal, foi ocorrência na tecnologia. Da mesma forma, você entra em *site* para busca de informações e aparece:

"Fora do ar."

As reações são acompanhadas de aceitação, *imobilidade*, concordância, tal o gigantismo da tecnologia.

Cenas demonstram que, no clima entre o homem e a tecnologia, ele começa a encontrar bloqueios para se impor. Sim, cenas de ficção aparecem no palco da realidade.

A criatura toma o lugar do criador, assume a direção. O homem está subordinado à máquina nas suas inovações, versões, modelos, desde o obrigatório hábito de ter o celular (no banheiro, mesa de refeição, na cama – no meio do casal...) aos circuitos de inteligência artificial, aos comandos à distância e, em breve, à atuação e autonomia dos milhares de robôs:

- Cenas do filme *Westworld*, em que o "robô humanizado" dá incrível trabalho ao virar inimigo do homem;

- Do filme *Ela*, em que o escritor se apaixona por sistema operacional de inteligência artificial e meiga voz feminina.

- Cena real de humor: *Poupinha*, robô criado pela *startup* brasileira Nama, faz atendimentos e agendamentos para emissão de documentos (CNH, RG etc) no Programa Poupatempo, do governo de São Paulo. Pela eficiência e rapidez, milhares de usuários satisfeitos dão retornos como "Deus te abençoe", "Muitíssimo obrigado", "Parabéns pelo seu trabalho", com a certeza de que Poupinha é gente boa, de carne e osso...

- Cenas reais sérias: governo alemão alerta famílias para boneca Cayla, brinquedo inteligente com microfone e alto-falante, mas vulnerável a acessos de *hackers* que podem espionar a casa ou aliciar crianças; o macabro jogo Baleia Azul, que levou jovens à automutilação ou suicídio; o vírus (*malware*) WannaCry, implantado por *hackers* que criaram ciladas digitais, sequestraram dados e fizeram chantagens em *bitcoins* (dinheiro digital) para devolução por cada computador (300.000 computadores em 150 países).

Huuummmmmm, por sinal, nada diferente dos filmes do charmoso espião 007, em que *gangsters* (agora ciberterroristas) inventam tecnologia para ameaça mundial às nações. Bem, nesta sequência, a evolução será o vírus tomar a posição do seu poderoso chefão...

A maioria diz que a Era Digital incentiva a criatividade e aumenta o QI. Correto, desde que se altere a definição, o conceito sobre o que vem a ser a inteligência.

A Era Digital traz o imediato, o instantâneo, atua e faz as pessoas agirem por atalhos, por soluções ligeiríssimas. A ciência lança, dissemina sistemas inteligentes que entram, operam e funcionam com mínima ou nenhuma interferência do homem. Dia-noite-noite-dia desce na sociedade avalanche tipo Himalaia de informações. A banda Capital Inicial, na música *Não olhe pra trás*, canta: "Inteligência ficou cega de tanta informação."

É uma Era em que a sofisticação da tecnologia acomoda a necessidade de raciocinar, pensar, imaginar, pois entrega prontas as respostas, encorpadas por imagens, vídeos, áudios. Consequentemente, os três indispensáveis combustíveis da inteligência *in natura* (leitura, escrita e diálogo) e os seus aditivos (tempo, paciência e memória) entram em diluição sem a pessoa perceber: diante das imensuráveis redes e mídias de informações em quantidade e qualidade, por que sair para pesquisar numa biblioteca? Por que escrever, se é fácil copiar? Por que dialogar, questionar, debater, ver alternativas, se as respostas estão nos olhos, ouvidos ou mãos, depende apenas do modelo do aparelho?

É raro alguém ficar em casa para ***ler*** um livro em vez de sair para badalar; ***diálogos*** acontecem por frases, trocam-se assuntos sem terminar o último, o penúltimo, o antepenúltimo... ***Escrever?*** Basta a pergunta: "Quantos textos você escreveu recentemente?" (não valem os esquálidos de *e-mails* e mensagens).

A comunicação, o relacionamento entre as pessoas está em crise com alta incidência da cacofonia (encontro de palavras ou sílabas que soam desagradavelmente: *por cada*, *vi ela*, *boca dela* etc.), dos neologismos (criação de palavra ou expressão nova ou atribuição de novo sentido a palavra existente) e das abreviações inventadas conforme a cabeça de cada um.

Este ambiente dificulta mais ainda o diálogo, o ato de pensar, porque é preciso clareza entre pessoas, seja em situações confidenciais, formais, em casa, trabalho, totalmente descontraídas; enfim, pouco importam a geração, a idade, o momento. Para tal comunicação ocorrer com nitidez, saber expressar-se com conteúdo básico (pelo menos), é indispensável; convenhamos, só há relacionamento se a outra pessoa entender para poder dar o retorno, responder. Tem dúvida? (Nas págs. 85 e 86, o conceito e a expressão do diálogo).

Pouco adiante neste ambiente de declínio da inteligência ou processo de *emburrecimento*, vale a pena observar que gente iluminada, os chamados gênios (quociente de inteligência-QI acima da média) não são diferenciados por nascerem com genes cintilantes, prontos. A pessoa pode até nascer com o QI privilegiado, especial; entretanto, no correr da vida, ela estará acima da média pela sua capacidade de armazenamento de dados, informações acumuladas, de memorização; de articular razão-coração para lidar com aspectos comportamentais.

Se o brilhante QI nascesse pronto, as notas do gênio no colégio também seriam brilhantes, mas o que tem de gente com QI nas alturas e notas entre baixas e razoáveis no histórico escolar...

Em várias ocasiões a sua eficiência cognitiva, o seu QI, o dom especial do cérebro para imaginar, criar, concluir precisará de dados para desenvolver, evoluir e fechar o raciocínio... Ah! e aí é que vai acender aquela lampadinha da genialidade  !

Há tempos tenho a convicção de que memória fértil e ativa é a plataforma dos gênios, ou seja, houve a explosão de uma ideia, a abertura das asas da imaginação, e então a memória vai começar a puxar dados, imagens, lembranças, experiências, conhecimentos variados para desenvolver, evoluir, botar para fora e fazer a sua lampadinha acender.

E como fica a memória na Era Digital?

Coitada, doente num quadro muito difícil: espremida, sem tempo e espaço para funcionar. Sofre demais com a quantidade de informações que entram por todos os lados, até por osmose... Além da quantidade, diferentes em peso e exigência, desde aquela que dá o impulso e diz para a sua mente que você precisa beber água ou que está na hora de um compromisso, até as que agitam você por algum fato ruim ou positivamente delirante.

Alô! Ei, você! A mente precisa estar arejada para que a memória e a inteligência funcionem, respirem, tenham ventilação, recebam luz! É o motivo para tantas vezes você já ter comentado ou escutado:

"E não é que eu estava na praia, à toa, e tive uma ideia superlegal!"

"No domingo saí da igreja e, durante um papo com amigos, do *nada* comecei a falar sobre aquele assunto e acho que tenho a solução."

A memória capta tudo, trabalha sem intervalo e faz transmissões contínuas para o seu dono. Entretanto, assim como a máquina de um computador, de um carro, precisa de tempo, de espaço para processar e fluir. Com a força e a velocidade da tecnologia de hoje, as informações não são processadas como deveriam para serem memorizadas. Ficam socadas, são cortadas, interrompidas pelas outras, não há início-meio-fim de cada uma das informações dentro da cabeça. Logo, a memória começa a descartar ao invés de guardar, a pessoa fica com fragmentos, extratos, não com o arquivamento do que captou, sentiu e pensou. Daí, as pessoas esquecem, esquecem, esquecem... inclusive o que ainda está quentinho (você se lembra de todos fatos de ontem? Com quem falou? O que almoçou?). Agora responda:

"Do que lembrei? Quanto tempo levei?"

E foi ontem!

O auge – a aberração da perda de memória pela avalanche e pressão de informações – é esquecer filho dentro de carro ou em qualquer local. Sem urgência ou fato extraordinário que pudesse desviar a atenção, a criança é largada para trás, saiu da memória! Sabemos de casos de mortes, e há inúmeros em que, felizmente, a pessoa voltou antes do final fatal.

Age-se pela estimulação do aparelho na mão, do que ele traz de mensagem via qualquer fone ou vídeo que esteja em moda no instante, a ponto de desviar os pais do que é o centro afetivo do coração. Houve um caso em que o juiz nem puniu a mãe, considerou-a já penalizada pelo enterro do filho por esquecimento no carro.

Os fragmentos de informações amontoam-se, atalhos ficam empilhados na mente das pessoas e a Era Digital inicia a doença Alzheimer precoce:

Como enfiar esse mundo todo dentro da gente? Como não ficarmos sufocados? Como processar, entender, curtir, refletir, compartilhar, agir e memorizar entradas e saídas de dados em forma de cilíndricos cardumes?

Do tempo útil da manhã à noite deve-se subtrair os períodos já estabelecidos de descanso, alimentação, circulação, diálogos rotineiros, obrigações fisiológicas, pessoais conforme relações, hábitos, perfil, momento e imprevistos.

De propósito, foram deixados de lado os períodos de trabalho, estudos, convivência com a família e os amigos, porque neles tenta-se abrir espaços para dar vazão à abundância de solicitações que passou a acontecer com a nova tecnologia. Daí, nas empresas, volume absurdo de retrabalhos, de serviços mal feitos, comunicação desgastante da diretoria às equipes; nos estudos, formações precárias, inconsistentes; nas famílias, crises diversas entre gerações, crianças e jovens com distúrbios; nas amizades, relações navegam na superfície. Está aí o fenômeno FOMO - *Fear Of Missing Out* (medo de ficar por fora); é o vício de ver o que entrou no aparelho minuto a minuto.

Antes da Era Digital, pessoas tinham dificuldades para administrar o tempo, manter as rédeas consigo; e hoje?

Vamos, então, para o precoce Alzheimer.

A neurocientista Susan Greenfield, 62 anos, especialista em degenerações do cérebro, entrevistada pela revista *Veja*, falou da sua tese em que vê no constante uso de aparelhos interativos (*smartphones*, *tablets*, *games*, computadores, em especial os conectados à internet) o motivo para alterações cerebrais iguais ou similares às que geram Alzheimer:

"O estado de confusão de informações proporcionado pelos aparelhos sobre o aqui e o agora; o fato de não se ter, momentaneamente, a noção clara do que seja presente, passado e futuro; a permanência das atitudes prontas, imediatas para responder a *e-mails*, mensagens, bate-papos, enfim, as ações para atender à tecnologia dominadas pelos sentidos e não pela cognição, pelo processo racional, deixa a mente em estado semelhante ao provocado pelo Alzheimer e pelo autismo. Estímulos e mais estímulos ininterruptos começam a mudar a formação do cérebro por causa das agressões da tecnologia."

Na entrevista, Susan Greenfield cita o lado positivo da tecnologia para aumentar eficiência do cérebro humano (coordenação motora, exercícios para memória e combate à depressão), mas ressalta:

"Benefícios vão depender de como o usuário convive com a máquina, a exemplo do carro, que pode servir para transportar como para atropelar."

Ela observa que, na fase bebê, o ser humano recebe sensações, inicia a organização do que sente, associa, interpreta; nas fases seguintes, no amadurecimento, o cérebro forma-se com base nos conhecimentos e na memória:

"Ele formula conceitos, cria, constrói uma identidade para a pessoa durante a vida. Essa construção deve estar ligada ao mundo real desde cedo – subir em árvores, sentir o sol, correr atrás de amigos no parque –, e não a um simulacro digital, a algo que tenta imitar o mundo real."

Como as multidões estão hoje ligadas à tecnologia no ritmo que a cientista chama de "ação-reação", ela lamenta a perda das histórias, das narrativas e dos processos de memorização essenciais para a preservação e enriquecimento do cérebro.[37]

Nessa perda citada por Susan Greenfield, convém lembrar que o cérebro recebe, raciocina, processa, fecha no ato de pensar uma informação de cada vez, o que será gravado

---

37 Flávio Pires, coordenador no Departamento de Gestão de Pessoas do Sebrae-RJ, publica no seu Informativo Qualidade de Vida: "Comida industrializada, gorduras e açúcar atingem memória, leia em *Cientistas relacionam perda de memória à ingestão de junk food.*" (http://g1.globo.com/ciencia-e-saude/noticia/2013/12/cientistas-relacionam-perda-de-memoria-ingestao-de-junk-food.html)

e arquivado na memória. Faça a experiência: fique de frente para a TV, atenda telefone, mexa em página do computador e, após quinze minutos, tente lembrar o que assistiu na TV, como foi a conversa e para quem enviou a mensagem. Vai lembrar-se de uma só informação, e será daquela de maior estímulo nos sentidos.

Entre ação e reação o cérebro exige processamento, evolução com início-meio-fim por informação até o fechamento, e, assim, virá a memorização.

O ato de pensar constantemente interrompido, cortado, diluído num contínuo jogo de trocas dispersas de informações, acentua a formação do Alzheimer,[38] haja vista o nú-

---

38 *Alzheimer:* É uma doença que consiste na perda de funções cognitivas, ou seja, memória, orientação, atenção e linguagem, causadas pela morte de células cerebrais. Uma das alterações no cérebro é a redução do número de neurônios e das ligações entre eles (sinapses), com queda progressiva do volume cerebral.

É uma doença degenerativa que pode começar vinte anos antes do seu auge, da debilidade total. Na evolução da degeneração ocorrem diminuição das conexões, das ações dos neurotransmissores, e perda do prolongamento dos neurônios. A causa da doença de Alzheimer ainda é dúvida, mas é certo que vem de genética, **fatores ambientais e estilo de vida.** A progressão dos números de doentes deve ser vista com muito carinho, inclusive, por você que lê:

EUA – 2010 - 3.912.000 / 2030 - 6.308.000 / 2050 - 9.764.000

BRASIL – 2010 - 1.033.000 / 2030 - 2.526.000 / 2050 - 5.376.000

(Fonte: Reportagem especial no caderno jornal *Valor Econômico*, entrevista com o coordenador científico do Instituto do Cérebro, do Hospital Albert Einstein, Edson Amaro Junior).

mero de crianças, adolescentes e jovens que têm na ponta da língua a palavra "esqueci", "esqueci", "esqueci". Alô, cientistas, que tal inventar *chip* de expansão de memória humana para implantação na cabeça?

A falta do funcionamento do raciocínio e da inteligência com início-meio-fim não fecha a memorização; daí, é possível concluir que mata células cerebrais. Leia no rodapé da página precedente como é que não é preciso ser médico ou cientista para tal conclusão e, a partir dela, você começar a criar a sua maneira de conviver com a tecnologia.

O volume e frequência de informações faz um *abafa* em cima da memória como em cena de futebol americano. Embaixo daquela montanha de jogadores, a bola vai sobrar para alguém, e o que fará com ela?; na memória, vai sobrar alguma informação, mas em que condições de uso? Estará inteira?

No ato de pensar, a não ser que se adote novo conceito para inteligência (emocional? artificial? interpessoal? organizacional?), a não ser que as mutações da evolução humana apontem numa direção para a nova inteligência, que se aprenda a usar o extraordinário mar de conhecimentos proporcionado pela tecnologia digital, entra em evidência um processo de *emburrecimento*. Da evolução para a ***in***volução em surpreendente rapidez.

A gama de soluções precisas-velozes-eficientes oferecidas pela tecnologia digital é tão perfeita que inibe o pensamento, dissolve a inteligência, intuição, sensibilidade, memória. Quase as deixa sem função porque os aparelhos são absolutamente solucionadores. Daí a absurda demora das gerações para se expressarem, narrarem fatos, escreverem, desenvolverem passo a passo ideias ou planos, atingirem estágios de reflexão. Querem resultados para o que mal começou a ser experimentado, querem progredir antes de estágios fundamentais. Pesquisa do LinkedIn com um milhão de jovens brasileiros: eles ficam ansiosos por rápidos retornos após tarefas executadas, desejam a possibilidade de promoção ou crescimento no menor prazo. E, agora, não só os jovens!

A propósito, se for o caso de contratar um humano do perfil copiar-colar-enviar, que não usa tempo e inteligência, é mais barato e produtivo comprar um... robô.

Um desabafo deste autor, que acompanha as transformações passo a passo:

Curiosidade, investigação, espírito crítico, sensibilidade aguçada, energia nos estudos, e por aí vai... é difícil sacudir elementos da inteligência no universo do tudo pronto, do descartável; é difícil encontrar ousadia com sabedoria.

É uma tecnologia que não abre espaço para erros – ela acusa, vibra, apita, impede continuidade do uso, impõe correção. O "tudo pronto, modelado e vigiado" descarta erros que poderiam transbordar em gloriosos acertos, a exemplo de muitas invenções que marcam a humanidade; corta a dinâmica de erros-acertos-acertos-erros... tão corriqueira no progresso individual ou coletivo – quem nunca ou pouco errou, nada aprendeu ou evoluiu. É uma tecnologia que ignora impulsos que invadiriam o terreno da especulação, divagação, do frenesi criativo.

Essa ditadura da automação asfixia a criatividade, pelo menos a que sairia da inteligência como permanece definida nos dicionários e dentro das nossas mentes. O excesso da automação faz nascer a sociedade... automática! A da ação-reação, onde eu incluiria: ação-reação-padrão (travada e repetitiva). Chega a ser engraçado o silêncio quando falo que precisamos voltar a usar a inteligência.

Nunca o homem teve tamanha riqueza de informações (áudios, vídeos, textos e imagens) à disposição; igualmente, nunca teve enquadramento tão bloqueador: "É só buscar na internet"; "O programa faz para você"; "Pesquise, junte os dados numa pasta"; "Entre aí, vai encontrar tudo".

Pequenos grupos de talentos tecnológicos em *startups* e empresas de TI criam soluções, colocam-nas em *softwares* e aplicativos; os bilhões de usuários passam a conviver, então, através de tais soluções. Elas são inteligentes, preveem as dúvidas, realmente são "resolvedoras" e tornam as pessoas automáticas: para o que pessoa e grupos precisam, soluções acontecem de *software* em *software*, de aplicativo em aplicativo; via internet das coisas ocorrem as interconexões por sensores entre aparelhos digitais e convencionais, sem interferências nem empenho humano. Exemplo:

"Vou ver se está aberto tal restaurante, se não estiver vou buscar outras opões; vou ver como chegar, chamar transporte, convidar amigos... ao sair de casa ligarei o alarme. Ih! Próxima semana é o aniversário da minha amiga, pedirei flores."

Tecnologicamente, você entrou no *site* do restaurante, que mostrou as dependências, cardápio, estacionamento e reservas; ali mesmo na janela do Google viu endereço e opções em mapa, chamou Uber ou táxi, acionou convites por WhatsApp, alarme junto à empresa de vigilância por monitoramento e fez pedido numa flores *on line*.

Simples assim, o que também funciona para soluções médias e complexas: objetivos resolvidos pela sequência de *softwares* e aplicativos, e cadê o esforço mental, o uso da inteligência? Quando esta começar a ser solicitada, os talentos tecnológicos idealizarão novos programas para que todos os usuários entrem num padrão.

Esse cenário permanecerá para todos, da criança ao idoso. As máquinas decidem, ultrapassam o homem num gigantesco *big data* (interconexões e gestão de dados em larga escala).

Pais ficam orgulhosos diante da "inteligência" das crianças e adolescentes, que, porém, na verdade, nada mais fazem do que reproduzir ideias formatadas nos comandos dos computadores e mídias – "repetências" e não competências. Marco memorável foi a vitória do Deep Blue-IBM contra o campeão mundial de xadrez Gary Kasparov, em 1997. Assombroso ver o gênio russo derrotado em partida contra o programa de computador. Acontecimento memorável: primeiro alerta sobre efeitos dominadores da inteligência artificial na prática; no meio científico, o fato foi considerado "indiscutível e preocupante triunfo da máquina sobre o cérebro".

E os robôs se superam: em 2017 um deles venceu o jovem Danil Ishutin, melhor jogador do *game* Dota 2, jogo que simula situações de uma guerra real.

Espalham-se a tecnologia robótica e sistemas inteligentes. Em reportagem do jornal *O Globo* cientistas fazem previsões de avanços tecnológicos que podem superar o controle humano. Em 2008, no jornal inglês *Financial Times*, foi publicada notícia sobre a exposição de robôs no Museu de Londres. Ao término da leitura a pessoa sente-se burra diante do que sua espécie criou. A multitevê, o ilimitado celular são estrelas da primeira década do milênio, unem todos os conteúdos, são interativos no atendimento aos telespectadores e usuários. Magistral pique do entretenimento, dos negócios e do consumo; lamentável promoção da obesidade, violência e padronização comportamental.

Nas empresas foi aberto um fosso entre a geração que encontra barreiras para replanejar-se sob a pressão digital (pré-1990) e a geração que não consegue pular das soluções pontuais para as estruturais (ver capítulo sobre *Natalidade Humana x Natalidade Tecnológica*); nas escolas, o fosso fica entre a pedagogia ainda baseada na leitura-escrita-diálogo e a geração dos atalhos e do copiar-colar (reproduções digitais).

A inteligência *in natura*, no conceito original, hiberna, e fica a pergunta: o que é ter QI hoje? Iniciar agora o resgate da capacidade criativa com a sua cara será a resposta genial!

Fim do desabafo.

Educação, família e instituições

Bom, o ato de pensar tem o seu elo com a educação, com o ato de educar que, no percurso, é a extensão do ser como pessoa, família, e faz a ponte – ou melhor, o viaduto – para o ser social, coletivo, profissional.

A expansão tecnológica não é anunciada, acontece; não prepara, invade; educação e todos os setores são surpreendidos assiduamente com “algo novo” que entra na sociedade já para ser adotado, que irá influenciar no pensamento, comportamento e atitudes, mas:

As pessoas estão prontas? Há tempo para que entendam as implicações do “algo novo” em si próprias e no ambiente em que vivem? Como lidar com a transformação que sacode a sua vida? Seguidas entradas de ideias, notícias, conceitos, sugestões, brincadeiras, tendências, alertas... e de exigências de atualização em *softwares*, aplicativos, em equipamentos?

O ontem ficou antigo! O hoje já não é! O que leva minutos demora![39]

QUEM AGUENTA?!

---

39 Quadrinho de Bruno Drummond, jornal *O Globo*, encarte revista *Domingo*: Na cadeira, a mãe lê o jornal. Filhinho chega e diz: “Oi Mãe, me responde uma coisa.” A mãe diz carinhosamente: “Sim, só um minutinho.” Ele: “Um minutinho!? O Google me responde num segundinho...” E sai.

Antes da Era Digital havia um tempo para criação, desenvolvimento, produção, entrada na sociedade de algum método, nova tese ou orientação e amadurecimento para ser absorvido coletivamente. Levava-se tempo para que escolas, faculdades, universidades, ensino em geral adotassem programas, metodologias e conteúdos educacionais. Autores eram estudados, avaliados, e suas pesquisas e conhecimentos criteriosamente introduzidos nos planos de aula dos professores.

Hoje, mudanças ocorrem sem prazo, sem tempo para amadurecer, para desenvolver o que será levado aos alunos, seja no aprendizado do primário, do médio ou superior. Ah! Outro detalhe: hoje os alunos mostram textos ou vídeos para polemizar com os professores! Por um lado, ótima a atitude que esquenta o debate, por outro lado, péssimo porque as informações são tratadas pela forma, não pelo conteúdo, não se faz seu estudo prévio para colocá-las em discussão. "Porque alguém postou na rede" é insuficiente para se abrir discussões, questionamentos. Afinal, quem é o autor? Qual motivo? Formação? Região? Contexto social? Veracidade dos dados?

Textos e vídeos são colocados diante dos professores em situação parecida com a de comida orgânica em feirinhas por aí afora. Estão ali na barraca os produtos ditos *orgânicos*, mas quem plantou? Em que local? Quais os insumos? E o tratamento da terra? É tempo para colheita? Que tipo de água foi usado?

Outro aspecto é que a educação deu uma guinada na

direção do aprendizado técnico, o educar tornou-se cada vez mais específico, dirigido para única finalidade prática, funcional. A meta de preparação global da pessoa na sociedade, no espaço coletivo, na formação da personalidade perde-se dentro do labirinto de imediatismos, atalhos e desvios, por força de informações que geram adesões na rede e criam tendências.

Tenta-se sistematizar o conceito de que educar é preparar para o mercado de trabalho, para o aumento da possibilidade de entrada e de empregabilidade profissional. Mais um atalho que diminui a capacidade de reflexão, de equilíbrio, convivência social e familiar. Países avançam com novos programas educacionais voltados para matérias essenciais diretamente ligadas ao interesse de quem aprende, ou seja, para começar-se, desde a adolescência, a fazer o encaminhamento para uma grade curricular fechada, objetiva em relação à vocação, aptidões e projetos pessoais do estudante ligados a espaços profissionais.

Na verdade, a iniciativa de ajustar currículo para fazer o elo entre o aluno e o futuro precisa estar acompanhada da estrutura pedagógica do curso, da consistência da formação e competência do professor ou instrutor. Obviamente, na qualidade e densidade desse tripé estarão as orientações sociais e éticas. Esse conjunto é que dará solidez para alguém que não sabe como lidar com o hoje preparar-se para o amanhã.

Entretanto, a sua própria capacidade de pensar, refletir, decidir está sob os impactos da série de "algo novo" gerado pela tecnologia, que chega, surpreende e resolve, e, ainda, simula com seus aplicativos um clima agradável, de conforto, humor, e com *gracinhas*.

A tecnologia digital *fazedora*, solucionadora, *resolve*, o que complica bastante o processo de entendimento, absorção e, principalmente, adaptação.

Quantas e quantas pessoas começam um curso e param no início ou na metade por causa de novas tendências? Por informações superficiais e mal absorvidas? Perdem-se nas suas metas, ficam confusas em relação às autênticas vontades e vocações?

Quanto melhor o conjunto currículo-formação-estrutura-professor, maior a segurança de cada passo.

Está solta a ambientação do ser na sociedade proporcionada pela educação. Na minha atuação como professor universitário, vivi três fases:

Em sala de aula com quadro, giz e transparências, o aluno com caneta, livro e caderno; depois, o ambiente intermediário com computador, CD e *pen drive*; por fim, veio a sala com tela digital, internet e o aluno com celular-*smartphone* para buscas instantâneas na palma da mão.

Essas fases ocorreram em doze anos, o ensino virtual cresceu em paralelo. Foram vivências enriquecedores para as observações sobre tamanha transformação.

Alguém escreveu que nos países subdesenvolvidos ou em desenvolvimento a estrutura das escolas é do século XIX, os professores são do século XX, e os alunos, do século XXI. Nos países desenvolvidos a precariedade é bem menor, a valorização da educação é antiga, cultural; por outro lado, também deve ser considerada a dificuldade para fixar o aprendizado em face à velocidade das inovações tecnológicas.

O parágrafo anterior evidencia o que mais chama atenção, o que é ponto central: a distância entre a velocidade da tecnologia e a necessidade de amadurecimento da educação para que seja bem realizada. São atalhos x etapas, hoje x tempo, vida robótica com *chips* x vida humana com artérias, analógico x digital. O descompasso é crônico, diante da hiperestimulação dos alunos os professores encontram enormes barreiras para conciliar tempo para educar. Alvin Toffler profetizou:

"Empresário, professor, advogado, chefe de família, seja lá quem for, só terá chances no século XXI se for capaz de aprender, desaprender e reaprender."

Legal, Alvin, correto, mas e o tempo? O que passa a ser *aprender*? Inovações surgem, entram sem critério para adaptar conteúdos e metodologias desenhadas e aperfeiçoadas em séculos. Salas presenciais ou para ensino virtual com *softwares*, multimídia, computadores, eletrizantes recursos; porém, qual é o conteúdo? Qual a competência do professor? A didática, qual método para orientação e memorização da aprendizagem? Qual a forma de colocá-lo para que seja produtivo para quem aprende? Qual a identificação com a prática?

Tais interrogações terão respostas sustentáveis se houver casamento entre as velocidades da eletrizante tecnologia e da capacidade de aprendizagem e memorização do ser – ainda – humano. Respostas que deem prioridade à maturação do conhecimento: *saber conhecer* (reflexão), *saber ser* (ética), *saber conviver* (coletivo e circunstâncias); *saber fazer* (aplicar *saber conhecer-ser-conviver*).[40]

É fácil engrandecer a Era Digital como Era do Conhecimento, desde que se tenha uma educação em que a pessoa cresça dentro e fora de si, que inclua valores das suas raízes familiares, das instituições sociais e ética, que possa fazer o encontro dos mundos interior e exterior na formação de sua personalidade e suas atitudes.

A democratização da educação, cultura, do conhecimento é um dos grandes ganhos para humanidade através da Era Digital. Bilhões de pessoas passaram a ter acesso aos mais diferentes tipos de conhecimento, aos recursos espetaculares para utilização pessoal, profissional, social etc., e com baixo custo. O CEO do Google, Sundar Pichai, adiantou numa entrevista para a revista *Veja*, em março de 2017:

"Há empenho em tornar o nosso sistema operacional, Android, capaz de funcionar melhor e de forma mais barata em celulares simples, mesmo com conexão ruim na *web*. Atingimos hoje um bilhão de pessoas e sabemos que o próximo bilhão que vai conectar-se virá de camadas mais pobres da sociedade. Os produtos a serem lançados terão o que chamamos de *machine learning* (aprimoramento do *sof-*

40 Pilares educacionais da UNESCO.

tware por conta própria). Uma consequência da inteligência artificial."

Todos estão informados ou podem estar informados, acabaram-se os trouxas!

A questão é transformar a quantidade do conhecimento em qualidade, saber filtrar, descartar, arquivar, aprofundar, e aí entra a base da educação com o corpo do ser humano, aquela que valoriza a leitura, o diálogo e a escrita, os combustíveis do ato de pensar, de ser inteligente.

Interessante é que, nesta linha, começa a existir uma elite extremamente poderosa: é a que está em centros de estudos que fazem este citado encontro entre a educação tradicional e a digital, haja vista a origem, os currículos daqueles que são destaques profissionais ou dos grupos que lideram os negócios no mundo. Mesmo que tenham iniciado como autodidatas, intuitivos, ganharam consistência quando alinharam vocação-educação tradicional-conhecimento digital ou se cercaram de profissionais com tal competência.

Não será com informações descartáveis, amontoadas que alguém poderá considerar-se com educação e formação diferenciadas. Aí teremos o efeito contrário: o poder da tecnologia de gerar conhecimento fica muito próximo de gerar *emburrecimento*, por que não? Copiar-colar não tem vitamina, não inspira a mente para sacudir a inteligência. Efetivamente, quantas vezes você raciocina, pensa? Quantas vezes *se* provoca? Quantas vezes se acomoda no buscar-copiar-colar e considera assunto resolvido? Que tal reler dasabafo na página 190?

Na prática do Egoísmo Saudável, a exemplo dos computadores, por que não a mente funcionar com "Pastas", "Favoritos" e "Lixeira"? Exercitar uma informação de cada vez, com a anotação ou gravação em paralelo das que interessam e serão vistas depois?

Com o tempo, você saberá usar tecnologia com inteligência e vice-versa, quem sabe você é um QI diferenciado, um gênio, e precisa apenas aprofundar estudos e libertar-se do copiar-colar?...

CAPÍTULO 7

"Que tal dar prazer total ao sexo e tirar o tesão da falência?"

Falência do tesão: ficar e curtir ou sentir e gostar?

- A palavra *ficar* no dicionário significa:

Não sair de um lugar ou de uma situação; permanecer. Deter-se, parar, repousar. Não ir além de; combinar, prometer.

- Na década de 1980, houve a ampliação do significado:

Ficar passou a ser também a relação íntima sem compromisso; casual a partir de momentos e situações repentinas, sem ligação com a fidelidade. Pode haver só a troca de beijos e carícias ou envolvimento sexual, mas sem duração por muito tempo. Inexiste obrigação de novos encontros, contatos, de se manter as conhecidas regrinhas de namoro. Sinônimo: *pegar.*

Uma curiosidade: no português europeu, *ficar* tem nome *curtir.*

Bem, quem sabe agora pode haver terceiro significado: *ficar* ou *pegar* é *falência do tesão?*

Que tal ficar na leitura abaixo e pegar ideias a respeito?

A pessoa pode *ficar* com quem quiser em qualquer tipo de intimidade, sejam abraços, beijos sem ou com sexo (*all inclusive!*), seja qual for a opção sexual – já se tem direito de escolher entre dezenove opções... (http://www.jornallivre.com.br)

É óbvio, por direito, vontade e excitação, nada impede que os dois estejam juntos e descompromissados, desapegados, distantes do sentimento, do sensível gostar que estimule ambos a um tempo de namoro.

O que foge do direito e da vontade de cada um são as ligações que a sincera, a natural atração faz fluir corpo-mente-coração e leva ao despertar do afeto. O contato, o encontro entre as pessoas em condições normais de relacionamento e de tempo, é que agita a natureza, cria impulsos, instiga, mexe com a sensibilidade, o sentimento, acende o carinho para beijos e sexo porque nesse clima existiu conexão com a raiz da emoção e do prazer humano: afeto.

O gostoso encontro que abre condições para a relação iniciar espontaneamente logo... logo... começa a acionar o circuito do nosso mundo interior corpo-mente-coração, leva-nos a sentir "algo mais" pelo outro. O surpreendente impulso do "algo mais" faz com que permaneça depois a vontade de "querer ver" novamente aquela pessoa e, conforme for, "querer ter" aquela pessoa. Se o afeto ficar muito animado, vai desaguar em amor e, quem sabe, paixão.

Lembre-se: o corpo tem sabedoria própria, puxa, atrai, prende pontos de identificação, e desejos vêm à tona por impulsos incontroláveis, estimulam-nos para outra pessoa e fazem-nos pensar nela de maneira diferente, sensível. Canta Beto Guedes:

"O amor estava aqui / Mas eu nunca saberia / Do que um dia se revelou / Quando te vi..." (música *Quando te vi*; composta por Meredith Willson – *Till there was you*).[41]

Independentes desse clima de estímulos, de trocas íntimas, de possíveis relações sexuais, as vontades de cada ser humano agitam naturalmente as conexões do seu corpo e da sua mente, sempre! Estão dentro de nós. Observe que, se um dia fizer a escolha de ser *atleta*, o corpo e a mente deverão estar inteiros por meio de exercícios, alimentação, restrições às farras e noitadas; se fizer a escolha de ser *religioso* (padre, pastor...), precisará de preparo espiritual e as tentações do corpo e da mente deverão estar reprimidas; se fizer a escolha de dedicar-se à *filantropia* como voluntário, precisará estar pronto para conviver com os injustos contrastes sociais e não terá dinheiro para o consumismo.

---

41 Estava na praia em Recife, Pernambuco, de frente para a magia do mar e de costas para as previsíveis construções do homem, quando ouvi uma criança perguntar: "Aqui é tão bom, mamãe, gosto muito, é bonito. Lá no fim..., no fim... o que acontece com o mar e os peixes? Eles descem lá embaixo e caem aonde?"

Pensei em como era interessante a pergunta para comparar com o momento em que nossas sensações num relacionamento descem ao reino abissal (afeto). Na relação íntima, nas profundezas, como funcionam nossos sentimentos quando cutucados pelo desejo de ficar muito mais do que apenas *ficar* com aquela pessoa? Quando o afeto lá embaixo é tocado? Como que ele libera a energia sexual nesse ambiente tão especial quanto invisível e sem freios? A música de Meredith traz o sensível clima da revelação.

De acordo com a sua escolha, sempre haverá reflexo no corpo e na mente, ambos darão respostas às atitudes que tomou para atingir seus objetivos. A todo momento que as vontades forem colocadas para fora, terão ligações com a necessidade de bem-estar do corpo e da mente, para que você, então, sinta-se realizado: trocas e retornos. Uma vez ruins, confusos devido às suas atitudes, os reflexos do corpo e da mente, os seus objetivos vão desabar e irão trazer frustrações.

Assim como naqueles exemplos, quando a escolha, a vontade é de *ficar* com alguém, reflexos na mente e no corpo provocarão bombeamento do coração, cutucadas do afeto, e aí a cena muda em relação a tantas e tantas outras escolhas e vontades que temos no dia a dia. Vamos começar a ser mexidos pelo que nos move, emociona, traz sentimentos, desejos que não conseguimos administrar, controlar – uma energia além do nosso domínio.

É por aí que *ficar*, ter o encontro com abraços-beijos-sexo sem entendimento de quem é quem, sem o mínimo amadurecimento, pode gerar frustrações pela tristeza do afeto e decepções do coração. A escolha do *ficar* gera reações do sensível afeto e exigente coração. Após esse *ficar* e *curtir*, pode ser que a relação continue, porém, o mais certo é que exista confusão: pode-se perder o que viria a ser um doce namoro ou duradouro morar junto, um *sentir* e *gostar*.

O detalhe no *ficar* que faz o sentimento de frustração ser maior do que o sentimento de gostosa relação é que o verdadeiro calor da intimidade entre duas pessoas não acontece. O calor da intimidade que traz a emoção (brilho nos olhos), as batidas do coração (carinho), a química do corpo (excitação) e o filme na mente (lembrança) para que as conexões levem ao *podium* do tesão: abraços-beijos-sexo com desejo e... puro mel! É o sublime movimento de toques de atração impulsionados pelo afeto, misturados, sem sequência ou lógica.[42]

O *ficar* é fraco, não proporciona esse clima que a mente e o corpo tanto esperam. O *ficar* abafa a intimidade, os naturais toques de atração, o coração e o afeto permanecem tímidos, não se sentiram convidados ou movidos pela química do desejo de ambos.

A adorável atração ou a intimidade depende do entender, evoluir, do tempo para que um sinta algo pelo outro até acender a relação para valer. Agora, veja bem, imagine um encontro em que olhos não brilharam, coração sem taquicardia, órgãos sem inspiração para grande *show orquestrado*... e os dois já começaram a tirar a roupa?! Sim, pelados! Se funcionar, funcionará mal, talvez seja o motivo para enorme venda de estimulantes para ambos os sexos tipo *viagra*, que dão a partida nos dois, de zero a cem em minutos, e botam os dois nas nuvens... mas o prazer passa tão rápido quanto as nuvens com ventania.

Se existir um tempo para o encontro fluir, movimentá-los, vai brotar a motivação natural; quando escolhem esse caminho a química do desejo dá o *tchan!*, um toque diferente,

---

42 "Está certo dizer que estrelas estão no olhar / De alguém que o amor te elegeu para amar". Música *Gente*, cantor e compositor Caetano Veloso.

mostra que a relação pode ser legal; vão conversar, sentir, observar, entender-se com leves acelerações no coração, impulsos do afeto, corpo e mente começarão a revelar sensibilidade; os dois vão demorar mais tempo no caminho até as nuvens e... elas irão abraçá-los.

Evolução, envolvimento, deixar fluir a química, entrar naturalmente no clima dão a graça ao encontro, colorem a atração, regam a intimidade, a vontade bate afrodisíaca. Ah! e os efeitos das boas relações afetivas no sistema imunológico? Energizante puríssimo, protege o corpo, ele adora.

O *ficar* por ficar traz a falência do tesão, coitado... ele não merece, vive toda expectativa de ir ao céu em asa delta para, ao fim da relação, cair em queda livre (Como sugestão, faça buscas sobre o funcionamento corpo-mente do estímulo ao ato sexual, da atração ao prazer).

Falência do tesão em pesquisa: Sexo pelo encontro corpos-química-excitação-desejo, em baixa; relacionamentos celulares, trocas de egos, *nudes* e *likes*, em alta, confira em www.consumoteca.com.br.

Nas cenas do dia a dia, externas, o que se vê é o modismo da *ficação*, *pegação*; parece ser a tendência geral, mas só parece, porque o que se passa dentro das pessoas, internamente, ainda é a busca pelo amadurecimento na relação a dois, do querer e permitir a presença do afeto. Cresceu – bastante – a quantidade de jovens em namoros com adultos, entre novos e mais velhos e, às vezes, entre bem novos e muito velhos! Tem-se a ideia de que o motivo é material, financeiro, e quando se conhece melhor os dois é possível ver que é troca afetiva. Daí, sabe-se que tudo entre eles começou pela sensibilidade no diálogo, identificações de pensamentos, impulsos naturais, que subiu dentro de cada um o "sentir falta dele(a)", tipo "vou ligar para ele(a)", "quero te ver". A experiência dos mais velhos valoriza o tempo nos encontros, faz a diferença afetiva.

Cresce na sociedade, também, o desprendimento estético e racial. Por mais que ainda exista o culto à beleza e distâncias pela cor da pele, a liberdade e o "sentir falta" abrem espaços para aqueles que verdadeiramente gostam um do outro. Sem constrangimentos, estão em público com suas opções físicas, sentimentais e sexuais.

Nas redes e mídias sociais especialmente dirigidas para relacionamentos, vemos infinidade de participantes com a ansiosa intenção de encontrar a *cara metade* – é gente demais! Impossível registrar números exatos. Nos perfis dos participantes e de quem eles buscam como companheiro(a) ou namorado(a) ideal, estão palavras ligadas ao íntimo, ao afeto, além da razão e do coração. Querem alguém junto, corpo a corpo, lado a lado; querem namoro – relacionamento interpessoal que tem como função concretizar sentimento e sexo entre duas pessoas em troca de conhecimentos e vivência com grau de comprometimento. É o que acende e dá o tesão que sai das profundezas e vai às nuvens...huummm...

Pessoas ainda são humanas. Por maior que seja a *penetração* do *ficar* estimulado pela correria, pelos atalhos, modismos agitados pela tecnologia digital, elas desejam é... namorar! No fundo, o reino abissal afetivo mostra que o ser humano é conservador no que o emociona, possui os incontroláveis impulsos para satisfazer-se com diálogo, amor, carinho, abraços, consideração...

O cintilante tesão requer tempo, evolução, entendimentos e, se andar legal, amadurecimento diálogo-abraços-beijos-sexo. Fica todo contente, saltitante, flutua num êxtase de intimidade-prazer.

Ah! sim, nesse contexto, fato importante: a mulher virou ser humano total.

Era contida, *travada*, reprimida socialmente no uso de roupas, no estado civil, na participação política, vida noturna, família, trabalho, ascensão profissional e liderança religiosa (há ainda regiões e sociedades que a tratam como animal adestrado).

Curiosíssimos, surpreendentes os relatos de terapeutas em relação à quantidade de mulheres em idades avançadas, diferentes classes, que confidenciaram ser sexualmente insatisfeitas, *mal resolvidas*, carentes do auge do orgasmo mesmo casadas.

Nessa novela toda de *ficar*, namorar, casar, morar junto – seja qual for a escolha – é fato a existência da nova mulher, aliás, da mulher que só agora é o ser humano que deveria existir desde os primórdios.

De forma geral, estão livres, informadas, independentes, exigentes em inúmeras áreas e situações, uma delas o... sexo!!! Querem prazer, com requinte porque são biologicamente mais sensíveis, afetivas, o que torna muito discutível o gozo com o *ficar* por ficar. Querem a energia sexual com luz, intensidade...erotismo?!...

A mulher está em momento de deslumbramento pelo espaço familiar, social, profissional e humano, o homem em momento de "assustamento" pela perda do comando, invasão de territórios. Machismo explícito ou implícito, leve, médio ou peso-pesado, está na cultura global. A dificuldade do homem para assimilar a mulher-gente continua no dia a dia.

Os fatos mostram as diferenças das posições nos conflitos de relacionamentos, especificamente entre casados: a mulher pede para separar-se, o homem ameaça, agride ou mata, ou os três. Anda nervoso, haja vista a montanha de agressões físicas e verbais em muitos países, os dados revelam gritantes estatísticas de violência machista. Mas, o homem deve exercitar consigo que estamos numa sociedade aberta, transparente, que o machismo é impulso em decadência...

Bem, o momento é de atritos pelas mudanças na ocupação de espaços de cada um, porém, com o tempo, farão as pazes sexuais e ficarão ótimos! Iluminados! Energia total!

De volta ao clima do tesão, se houver o início de contato com alguém, que tal um flerte, charme, conversa, sentir, procurar perceber qual é ou pode ser a "nossa história"?; observe se foi mexido, se vibrou lá dentro, se depois houve o ***natural impulso*** de querer voltar a falar, a ver aquela pessoa e, melhor ainda, se o impulso subir mais vezes, é porque, de fato, tocou o afeto nas profundezas, e aí insista nessa relação. Se do outro lado houver a mesma motivação, há algo bem acima da atração física, do modismo de *ficar*; quem sabe, por trás pode estar um romântico namoro, uma paixão.

Pense, tome cuidado com envolvimento Era Digital, do acionar tudo com o dedo, com a voz; de estarmos na sociedade das soluções rápidas, hoje!, agora! Começamos a ficar habituados ao descartável. Mas o tesão, que é íntimo, alimenta-se de pontos essenciais da natureza humana, eles não são descartáveis, ou podem até ser, mas depois de entendidos e considerados.

As queixas de carências afetivas são proporcionais aos recordes de depressão: nunca se *ficou* tanto, nunca homens e mulheres viveram tanta liberdade, tantos acessos para relacionamentos e convivência e, paralelamente, as reclamações da mente, do coração, o choro do afeto também nunca foram tão fortes – nenhum cantinho silencia.

O envolvimento Era Digital traz a banalização misturada com hipocrisia do "eu te amo", sexo e sexo em quantidade e idades, principalmente adolescentes e jovens: nos Jogos Olímpicos no Rio de Janeiro, alojados na Vila Olímpica 10.500 atletas de 207 delegações, 450.000 preservativos (camisinhas) disponíveis, 3 vezes mais do que nas Olimpíadas de Londres e 5 vezes mais do que na de Sydney.

Está aí o sexo virtual, os internautas dessa aberração fazem fila na porta de terapeutas; alguns devem ir tensos porque *ficaram* no virtual sem camisinha...

Sexo pra lá, pra cá, *ficar-ficar*, e as escolas, consultórios, clínicas, mídias e redes sociais estão abarrotados de gente à procura "de alguém que me faça feliz"; buracos afetivos e vontade de cafunés lotam as conversas, mensagens, vídeos, imagens e letras de músicas. Expectativas por namoros e remédios contra depressão estão no topo. Atenção: se estiver casado(a), em namoro ou *juntado(a)*, e bater vontade de separação, observe os impulsos, os reflexos na sua mente e coração, você pode perder a pessoa certa pela pressão e sedução tecnológica.

O sexo não é apenas parte, é o que amarra o sentimento, puxa o amor, alimenta afeto, é o fogo na paixão; tece, costura o que está na mente, mexe a química do corpo. Faz o encontro das nossas conexões, tanto que é dele que nasce um novo ser humano, não podemos esquecer. Por que não enriquecer o sexo e tirar o tesão da falência?

O Egoísmo Saudável abre o caminho ao mostrar que a atenção aos impulsos originais traz prazer e sabedoria. Ao ver, conhecer, ter atração por alguém, não custa olhar para dentro si mesmo; a atração é um mistério, bobagem querer escolher, explicar, mas você pode identificar como andam os impulsos e esforçar-se para que o relacionamento passe por eles – será uma doce decisão.[43]

Simples? Não, podem existir mais pontos na outra pessoa que chamam atenção, que estimulam, só não deixe que eles tomem decisões por você. A sua convivência com os seus impulsos vai diluir todos os pontos, aumentar a sua estima por você e vai agir poderoso(a) pela força do seu EU.

---

43 Fernando Pessoa: "Precisamos nos buscar em outras metades mas, para viver a dois, antes, é necessário ser um." Mensagem em colaboração da professora Maria Regina de A. Corrêa da Câmara.

CAPÍTULO 8

"MERGULHE em você
como partida e chegada,
como desejo e realização."

Egoísmo Saudável como provocação e atitude: o que me move hoje e amanhã

- *Que tal rever a sua localização na vida?*
- *Por que não conversar com você?*
- *Saber mais sobre você a partir dos seus impulsos?*

Chega um ponto em que as pessoas são as pessoas, uma diferente da outra entre os quase oito bilhões de habitantes do planeta Terra! Todas impressões digitais são personalizadas, nenhum... dedinho igual ao outro! É enigmática, *sinistra*, bastante curiosa a produção genética nos seres humanos, o jeito de existir, assim como o jeito de ser e funcionar no divino conjunto de órgãos do corpo. No máximo existe gente parecida, igual, jamais; mesmo que gêmeas, pessoas pensam, emocionam-se e reagem de maneiras pouco ou muito distintas.

Podem ser quase iguais no que for muito racional, mas nos seus impulsos originais, afetivos, nas reações do reino abissal, aí cada pessoa é uma pessoa, motivam-se e comportam-se diferentemente, razão pela qual, várias vezes, você vê com surpresa a atitude de alguém – inclusive da sua intimidade – e desabafa:

"Puxa, tantos anos de casada e pensava que conhecia o meu marido."

Ou:

"Puxa, tantos anos de casado e pensava que conhecia a minha esposa."

Vale a pena também uma interessante brincadeira:

Leve a família a um restaurante de comida a quilo (*self-service*), fique ao lado do bufê e anote quais pratos e em que quantidade os parentes se servem. Aproveite o momento e anote o que os clientes em geral colocam nos pratos. Surpresa! Você não vai ver um prato igual ao outro.

Aumente a brincadeira: no dia seguinte, peça ao dono do restaurante para repetir idêntico cardápio no bufê, leve de novo os familiares e fique atento aos clientes que estiveram no dia anterior. Surpresa! Não verá prato igual ao outro hoje e nem repetições de ontem nas mesmas porções.

Temos sensações identificáveis (fome) e não identificáveis, incontroláveis (estimulação do paladar, instante psicológico e emocional, temperatura, aroma, reações ao ver e encontrar pessoas) que, dentro de nós, no fluxo do *personalizado* conjunto de órgãos de cada um, irão gerar ações e reflexos, pensamentos e atitudes únicas, exclusivas.

Assim, no comportamento, no jeito de ser, chega um ponto em que as pessoas são as pessoas. Esse ponto é quando elas irão funcionar pelos seus impulsos próprios, os que estão nas profundezas; caberá entendê-los para viver bem consigo mesmo. Ah! se estiver no restaurante, entendê-los para saborear os alimentos...

Fatos, situações constantes, cotidianas, revelam que precisamos nos mexer em direção aos impulsos, buscar meios para entender como agem em nós e, então, o que podemos fazer ligados a eles no reino abissal afetivo, que mostra ***quem verdadeiramente somos e desejamos ser***.

Uma certeza qualquer ser humano precisa ter: na diária, na ansiosa busca para reduzir dores, dificuldades, encarar desafios e ter prazer, conforto, sucesso, caso a pessoa acorde com a decisão de ser feliz, deverá estar pronta para conviver com adversidades. O estado de espírito interior fará a diferença:

Passivo: "Tenho uma vida legal, quero apenas ser feliz."

Acomodado: "Pra mim, pouco mais do que tenho seria perfeito."

Ousado: "Muito ainda é muito pouco", ao som da música *Muito*, do cantor e compositor Caetano Veloso.

A decisão dos limites para dar moradia à felicidade, ao sucesso, bem-estar, mesmo que passivo, acomodado, ousado e ambicioso, será vital, determinante.

Limites reforçam personalidade, fazem prevenção contra impactos do novo mundo digital, passam por cima de obstáculos para conviver consigo mesmo; fazem a sustentação dos voos criativos e realizadores. (Lembra-se do que está na pág. 163 sobre profissionais e gênios?)

Em muitos momentos, você terá embaraços para manter "quero apenas ser feliz" ou se verá perdido diante do excesso de opções. A atitude idealizada pelo Egoísmo Saudável abre as portas, exatamente, para ajustar, arrumar melhor a sua localização diante da avalanche de fatos, atividades, ideias, novidades e informações em geral.

Se você consegue localizar-se, definir o seu espaço a partir dos impulsos naturais, sem dúvida fortalecerá a personalidade e a certeza sobre cada atitude. A hiperestimulação e as pressões do mundo exterior serão amortecidas e conduzidas por suas convicções. Santo Agostinho deixou escrito:

"A fé consiste em crer no que não vemos e a recompensa é ver o que cremos."

Fé... determinação... vontade... envolvidas com seus impulsos são energéticos das convicções que irão materializar-se lá na frente.

Motivação total!

Alguém pode pensar: "Se eu praticar o Egoísmo Saudável posso tornar-me uma pessoa sistemática, muito arrumadinha, chatinha, sem graça."

Pelo contrário, pessoa livre-leve-aberta, vai saber despachar o que e quem é chato, entender o que poderá sistematizá-lo(a) automaticamente, mandará para o espaço as informações e pessoas nocivas-corrosivas (tralhas) que tiram você de você, que contaminam a confiança e a personalidade. Conforme abordagens anteriores, convém saber lidar com o lixo comportamental e existencial que jogam na sua vida a cada instante, que o(a) desviam das realizações.

Ah! Mensagem do Rotary Club – Rio de Janeiro:

"Ser feliz dá trabalho, mas vale a pena." – e como!

Para facilitar esse encontro na relação entre o nosso mundo interior (humano) e o exterior (circunstâncias) de forma efetiva, realista, com posições colocadas a favor do que intimamente deseja, o ideal é buscar, procurar sentir com *sincera coragem*:

- Quais são e como vêm à tona os impulsos.
- Como podem ser turbinados na criação e sustentação do seu jeito de ser.

Nada de auto-omissão, de permitir bloqueios, a sincera coragem é fundamental porque impede que você se espalhe em interrogações, dúvidas, demasiadas ponderações, tolerâncias. E, a cada certeza, virá a motivação que vai dar... mais coragem e ligações com os seus impulsos!

Vamos lá, vamos à condução via EGOÍSMO SAUDÁVEL!

Primeiro:

MERGULHE em você como partida e chegada, como desejo e realização.

FAÇA DUAS LEITURAS:

1ª: Responda da primeira à última pergunta, livremente, numa informal *conversa* com os seus impulsos, diga que você quer conviver só com eles. Permita que eles *falem* soltinhos para você.

2ª: Quando chegar ao final, responda de novo da primeira à última pergunta, mas agora numa discussão com você para amarrar a solta conversa, para unir aos seus impulsos as pessoas e o que acontece no mundo exterior, que mexem com você nas profundezas:

PENSE E REPENSE: O QUE ME MOVE?

1. EU

Quais pessoas estão nos *meus* sentimentos e emoções?
Quem *me* sensibiliza?
Quais prazeres estão nos *meus* impulsos? Em que preciso acreditar em definitivo?
Momentos e locais em que, de fato, sinto-*me* neles, mexem comigo.
Atividades que, se *eu* não as tenho, sinto falta.

2. EU e o que está em torno

Nos ambientes mais próximos, de relação estreita, quais *pessoas* e *atividades* devem ser valorizadas? Quem e quais atividades trazem alegria?
Quais andam *esquecidas* ou *pouco* valorizadas?
Como melhorar convivência com quem *me merece*? Como crescer mais junto a essas pessoas e nas minhas atividades, de forma *saudável*, *humana* e *material*?

3. EU e o que está distante ou acontece

O que tem alguma relação ou que chega à minha pessoa

que, de fato, aciona os meus impulsos e os ambientes que me dão vida?

Para reforçar: este relacionamento, este momento, esta mensagem, este contato, estas novidades, este evento, este vídeo, esta viagem... de tudo o que tem relação comigo ou que chega à minha pessoa, o que *merece entrar para o meu mundo* e qual tratamento vou dar?

De tudo o que chega, qual o efeito no que *sinto*, no que me dá prazer?

Qual a importância para pessoas e ambientes à minha volta e que merecem a minha *atenção* e *dedicação*?

Segundo:

Pense somente EU e as circunstâncias.

O QUE ME MOVE NA RELAÇÃO COM O PRESENTE E O FUTURO

Antes você mergulhou nos seus impulsos numa ligação direta com o seu íntimo, no que mexe com o afeto, com o carinho no mundo humano e material. Então, **se achar legal,** necessário, veja nas próximas páginas os elos entre as "Dimensões de vida"[44] e o Egoísmo Saudável:

---

44 *Dimensões de vida* é um título de autoria do psiquiatra Phillip McGraw, no livro *Estratégias de Vida*. A aplicação dirigida para a atitude Egoísmo Saudável é adaptação deste autor.

➢ ***Pessoal***

Autoestima: Como me vejo e sou visto? O que move os outros em relação à minha pessoa?

Educação: Como posso melhorar minha postura com base no conjunto da minha formação?

Finanças: Minha relação com dinheiro, consumo, e preocupação com a segurança futura, como está?

Saúde: Rever cuidados com a saúde porque ela me *carrega* no dia a dia.

➢ ***Relacionamentos***

Amizades indispensáveis e importantes, relacionamentos novos e os que devem ser repensados e arquivados.

➢ ***Profissional***

Qual é a minha competência técnica e comportamental central?

Consigo explorar todo o meu potencial? O que falta?

Quais complementos para ampliação da competência central?

Como lido com quem trabalho? Eu os motivo ou quero que eles me motivem? Consigo fazer as trocas motivacionais? Como sou visto?

Faço o que gosto? Quais as perspectivas no presente e no futuro?

Qual o meu pensamento e visão dentro da atual empresa, e como traçar rumos?

➢ ***Familiar***

Pontos a serem fortalecidos nas relações com familiares diretos e com quais indiretos. Pontos críticos a serem revistos, reparados ou arquivados.

Influência pessoal e profissional de familiares diretos e indiretos no presente e no futuro. Reflexão sobre a própria família e filhos (projetos, condições, amadurecimento etc.).

➢ ***Espiritual***

Estágio da influência espiritual (religiosa, filosófica, mística); ampliar ou recuar nesse ambiente?

Buscar ou não novas linhas de pensamento para elevar o lado humano, existencial e a qualidade dos relacionamentos?

A avaliação direta e imediata do que brota nos impulsos, e do que foi identificado nas cinco dimensões, faz com que o Egoísmo Saudável tenha um *funcionamento* sempre dirigido para o lado positivo da vida; o que é negativo, vazio, duvidoso, sem propósito, dispensável... é excluído; ficam nítidos quais ciclos devem ser abertos, quais devem ser fechados.

Você é o personagem central, você é quem mais tem que conhecer a si mesmo, precisa ser seu, é quem mais deve **investir em você,** quem mais deve conversar e decidir com você.

Com tamanha **coragem** e **concentração,** o seu auto bem-estar vai contagiar quem você gosta e tornar as atividades melhores, mais vivas; irá domar a Era Digital – usar as soluções e delícias sem ser submisso. Este é o grande desafio, um caminho para vitória é o Egoísmo Saudável:

Mergulhar em si e fazer ***pleno resgate*** do ser humano
que você ***é*** e quer ***continuar a ser.***

Por esse motivo o Egoísmo Saudável dispensa o conceito de guia ou manual, por sinal, muito sem graça a ideia, a pretensão de "padronizar comportamentos". Ele é, sim, uma forma para você conscientizar-se e dar a partida para ser do seu jeito, saber recolocar a sociedade e a tecnologia a seu favor, usufruir do que elas têm de bom e espetacular – tão saudável quanto o seu egoísmo.

Mergulhe com coragem nas profundezas, veja o que importa para você, o que e quem o(a) merece! Mantenha acesos os pavios da personalidade e da inteligência.

INCENDEIE O PRAZER DE SER VOCÊ!

José Renato de Miranda

O sentido da vida

está em existir com

escolha-determinação-direção,

está na vitória

por ser o reflexo dos seus

desejos pelas descobertas

e capacidade própria (JRM).